人ありて——頭山満と玄洋社

人ありて

頭山満と玄洋社

井川聡
小林寛

海鳥社

人ありて——頭山満と玄洋社◉目次

源流……玄洋社前史　13

源流

玄洋社前史

クスノキのように

鹿児島市北部の丘陵地にある南洲墓地には一八七七（明治十）年に起きた日本最後の内戦・西南戦争で戦死した西郷軍将士が静かに眠る。墓石群は西郷隆盛の墓を囲むように立ち、東の桜島を向いて林立している。その中に二基だけ、北の福岡市の方角を向いて立つ墓石がある。西郷軍に加わって戦死した福岡士族の墓だという。

「西郷先生に会いに来ました」

西南戦争終結から二年後の一八七九年暮れ、福岡からやってきた青年が、武村（現在のＪＲ西鹿児島駅西側の鹿児島市武）の西郷家の門をたたいた。留守を預かっていた陽明学者・川口雪蓬は、「西郷はもう亡くなった」と言って、素性の知れない青年を追い返そうとしたが、青

薩摩軍兵士が眠る南洲墓地（鹿児島市上竜尾町）

年は、「西郷先生の身体は死んでも、その精神は死なぬ。私は西郷先生の精神に会いに来た」と食い下がり、西郷の愛読書を福岡へ持ち帰る。

青年の名は頭山満。この時二十四歳であった。「玄洋社」が福岡に誕生したのは、ちょうどこのころのことである。

頭山は一八五五（安政二）年四月十二日、福岡城下の西新町（現・福岡市早良区西新）に、黒田藩馬廻り役百石取りの筒井亀策とイソの三男として生まれた。幼名は筒井乙次郎。のちにイソの実家の頭山家を継ぐために、養子となった。頭山家は十八石五人扶持の下級武士だった。

ペリーが黒船を率いて神奈川・浦賀にやってきたのが、頭山が生まれる二年前。吉田松陰らが刑死した安政の大獄は、誕生の三年後。頭山はこうした幕末の動乱期に産声をあげた。

少年時代は、わんぱく者の反面、秀でたところもあったようだ。「小さい時から記憶力が強くて、物事を悟ることが鋭敏でした。桜田烈士伝の講談を聞きに行った時、帰ってから、その文句、烈士の名前をことごとく覚えていたのには一家の者は皆びっくりしました」とは、実兄・筒井亀来の回想である。

生家跡には今、専門店ビル・西新エルモールが建っている。道路向かいの西新交番わきの緑地公園では、一本の大きなクスノキが地下深く根を下ろし、枝を張っていた。太い幹に巻かれたしめ縄が風に揺れている。

これは、頭山が十歳のころ、楠木正成にあやかって植えたものだという。この時、頭山は「早く大きくなれ。大きくなって、もし私がつまらぬ人間になったら、お前も枯れてくれ」と念じたという話が伝わっている。

痛恨、福岡の変

明治の初め、日本は西欧列強の圧力を受け、危機意識にかられた青年たちは新しい国づくりに燃えていた。頭山ら玄洋社の人々の考え方や行動の原点を知るには、彼らがそうした時代に多感な時期を送ったということを忘れてはならないだろう。

頭山が「西郷の精神」に会いに行ったのにはどんな意味があったのか。まずは玄洋社前史をたどってみよう。

取材を始めて間もないころ、関係者に真っ先に案内されたのは、福岡市・平尾霊園内にある「福岡の変」犠牲者を慰霊する「魂の碑」だった。

福岡の変は、西郷隆盛ら鹿児島士族が政府に反旗を翻した西南戦争の勃発から約一か月後、一八七七（明治十）年三月に起きた。武部小四郎（当時三十一歳）と越知彦四郎（同二十七歳）をリーダーにした福岡士族が、西郷軍に呼応して挙兵。しかし、福岡城奪取に失敗し、壊走した。武部ら中心メンバーは、幕末期に処断された筑前勤王党志士の遺児たちだった。武部らの胸中には、新政府への違和感が渦巻いていたのだろう。「自分たちの父や兄が命がけでつくろうとしたのはこんな藩閥政府ではない。西郷さんと一緒にもう一度維新のやり直しだ」。そう思ったのではあるまいか。

福岡の変での戦死者は五十四人。変後の処分では、刑死者五人、獄死四十三人、懲役刑四二二人を数え、その多くが二十歳前後の若者だった。

武部は再起を図るため潜伏中だったが、自分を慕う少年たちが拷問を受けているのを知って、自首してきたと言われている。そして、福岡の変の一切の責任は自分にあり、少年たちは謀議に加わっていないことを力説した。決起前夜、武部は少年たちに、「日本の前途はまだ暗澹た

武部小四郎（左）と越知彦四郎（社団法人玄洋社記念館蔵）

るものがある。事敗れて後に天下の成り行きを監視する責任は、お前たち少年の双肩にある。間違っても今死ぬことはなりませぬぞ」と戒めていた。少年たちは、自分たちを救うために犠牲になろうとする武部とその訓戒の言葉を思い出し、責任の重さをかみしめたに違いない。

武部処刑の日、少年たちは獄に向かい、両手を地面について頭をたれた。広場の真ん中に進み出た武部は、少年たちの方を向いて、颯爽たる声で「行くぞオオー、オオオー」と絶叫したという。

この場に居合わせた奈良原至は、のちに述懐している。

「あれが先生の声の聞きおさめじゃったが、今でも骨の髄までしみ通っていて、忘れようにも忘れられん。あの声は今日まで自分の臓腑の腐り止めになっている」（夢野久作『近世快人伝』）

魂の碑には、斬罪となった武部と越智の辞世が刻んである。武部はこう詠んでいる。

世の中よ満れば欠る十六夜つきぬ名残は露ほどもなし

のちに玄洋社を創立する頭山満、箱田六輔、進藤喜平太も、奈良原と同じように武部の弟分だった。しかし、この三人は福岡の変当時、前年に山口で起きた「萩の乱」に連座して捕らえられ、獄舎にあった。

萩の乱

萩の乱を指導した前原一誠《まえばらいっせい》は吉田松陰の門下生の一人で、松陰が「誠実さは門人中第一」と評した人物だ。明治新政府の参議となったが、同郷の木戸孝允ら要人の考え方に疑問を持ち、故郷に帰って萩士族の領袖《りょうしゅう》となっていた。

大久保利通を中心とする新政府と、「征韓論争」に敗れて下野した西郷隆盛や板垣退助らを中心とする在野勢力との対立が深まっていた一八七六(明治九)年、当時二十一歳の頭山は、同志の箱田、進藤らとともにしばしば萩を訪れ、前原に会っている。

『玄洋社社史』は、「箱田、頭山、進藤は長州の風雲穏やかならざるを見て快心の笑みをたたえ、海を渡り、萩に前原を訪ねる。前原、福岡志士の来訪を大いに喜び、ともに事を挙げんことを約す」と記している。

頭山らは、前原とどこでどのような話をしたのか。具体的な資料は乏しいが、萩市郷土博物館館長の樋口尚樹は、「会見場所は前原の家か、旧藩校の明倫館。頭山らは、博多と萩間を海路、船で往復したのでは」と推測する。

一八七六年十月二十八日、前原は決起する。「萩の乱」である。だが、十一月六日に捕らえられ、反乱は抑え込まれた。福岡では前原に気脈を通じたとして、翌七日、まず箱田が逮捕された。八日、警察に抗議に赴いた頭山もそのまま拘置された。進藤も捕まる。福岡県令は救出の動きを恐れ、翌年二月、頭山らを萩へ移送した。

前原は逮捕から一か月後、現在の萩市恵美須町にあった御客屋（町奉行所）の獄舎で斬首されていた。

「頭山らが拘禁されたのも、前原が処刑されたこの獄舎だったと思われる」と樋口は言う。

頭山らに対する取り調べは過酷を極め、気持ちがささくれだった仲間たちは、些細なことで内輪げんかを起こした。そんな時、「ばかげたことで恥をさらすのか。大望を忘れたか」といさめたのは、年少の頭山だったという。

獄舎の外には、大きなうねりが押し寄せていた。西南戦争、それに呼応した福岡の変。これらの「大事件」は頭山らの入獄中に起きた。もし、彼らが捕らわれていなければ、真っ先に福岡の変に加わっていたに違いない。玄洋社を生む芽は、皮肉にも、萩の獄舎で温存されていたのだった。

魂の招魂祭

頭山らは、西郷隆盛が鹿児島で自刃し、西南戦争が終結した日、一八七七（明治十）年九月二十四日に釈放された。この時、頭山は二十二歳。

　頭山の孫・統一《もとかず》は『筑前玄洋社』の中で、「（玄洋社を組織した人々にとっては）萩の乱、福岡の変の記憶は、不覚痛恨の記録として、いつまでも忘れ難いものであったらしい」と記している。頭山は後年、「監獄に行くことを志士の免状でももらいに行くように思

福岡市・平尾霊園内の魂の碑

っている奴どもに何ができるものか」と話していたというが、恐らく福岡の変で多くの先輩や同志を失った無念の思いと、勢いに任せた行動の無意味さを、自戒を込めて語ったのだろう。

二〇〇〇年六月四日、明治以来、玄洋社ゆかりの人にとっては今も欠かせぬ行事となっている福岡の変の慰霊祭「魂の招魂祭」が福岡市中央区赤坂の柔道場「明道館」で行われた。かつて玄洋社の付属施設だったこの道場には、頭山と中国の革命家・孫文の書が掲げられ、広田弘毅、内田良平、進藤一馬といった玄洋社社員の名札が並ぶ。参列者は二十余人。神事のあと、長年、玄洋社社長を務めた進藤喜平太の孫で、現在、玄洋社記念館の館長を務める進藤龍生があいさつした。

「一八七七年、筑前勤王党の流れをくむ方々が決起され、志むなしく敗れました。玄洋社の源流はこの志士たちです。昨今の社会情勢には難しいものもありますが、歴史の事実を若い人に伝えていきたいと思います」

『筑前玄洋社』には、「魂の招魂祭」に参列した若者がのちに統一に語ったとされる、明治末ごろの玄洋社の人々の気質が伝わってくる逸話がある。

「私にはその招魂祭が懐かしく思い出されます。まず、玄洋社に集まって、進藤（喜平太）先生を先頭に、名物男だった友枝新平さんが引く大八車を中心にして、ぞろぞろと墓地に向かうのです。祭事がすむと、ござを敷いて酒宴が始まります。しかし、乱れるということは決してありません。いかにも静かな品のよい、礼儀正しいものでした。進藤先生、頭山先生をはじめとして玄洋社の先輩は、若い、子供のような後輩に対しても、決して威張る様子がない。よそですと、後輩にたばこを買ってこい、などと言いつける人が必ずあるものですが、玄洋社の集まりでは、そういうことはみられませんでした。進藤先生は中学生の我々にも丁寧な言葉遣いで、対等に話しかけられる。それが名誉に感じられ、発奮したものです。後かたづけも後輩に任せて先輩は先に帰ってしまうということはしない。友枝さんの大八車を挟んで、三々五々玄洋社に引き上げる。それは和やかな、自由な空気がありました」

魂の招魂祭は、今も毎年、福岡市の平尾霊園「魂の碑」の前で続いている。和やかで、上品な雰囲気は、明治のころとまったく変わっていない。

勤王の母・野村望東尼

頭山と玄洋社を語るうえで欠かせない二人の女性を紹介しておきたい。

「玄洋社の源流をたどるならば、野村望東尼《ぼうとうに》の存在を忘れてはいけない」

関係者からそんな話を聞いて、福岡県・糸島半島の西に浮かぶ姫島に渡った。

志摩町の岐志漁港から渡船で十六分。望東尼の「ひめしまにき（姫島日記）」をもとに復元

姫島に復元されている望東を幽閉した獄舎

された獄舎は、港から約六〇〇メートルの山の中腹にあった。広さ四畳余の荒板敷、出入り口には南京錠がかかっている。玄界灘から吹きつける冷たい風が、肌を刺す。

幕末期の一八六五（慶応元）年の十一月から約十か月、五十九歳の女性勤王家・野村望東尼は、この孤島の吹きさらしの獄舎に幽閉された。こんな所に女性を閉じ込めておくとは、恐ろしい時代である。

望東尼は一八〇六（文化三）年、福岡藩士の三女として生まれた。和歌を学び、現在の福岡市中央区平尾に山荘を構えて暮らした。夫の死後、出家。勤王の志に目覚めたのは、歌の師匠に会うため京都へ赴いたのがきっかけだった。福岡の勤王志士のさきがけとなった平野国臣と和歌を介して親交を深め、倒幕へ向けて奔走する志士らを庇護するようになった。やがて平尾の山荘は、長州藩の奇兵隊創立者・高杉晋作、薩摩藩の西郷隆盛ら志士たちの秘密の集会所となっていく。

幕末の一時期、福岡は倒幕運動の中心地の様相を呈した。だが、一八六五年、黒田藩の勤王派は、佐幕派の巻き返しで一網打尽の弾圧を受ける。勤王派リーダーの家老・加藤司書以下七人が切腹、十四人が斬罪、十六人が流罪となり、望東尼も姫島に流された。「乙丑《いっちゅう》の獄《ごく》」と呼ばれるこの佐幕派クーデターで、黒田藩の勤王派第一世代は事実上ついえた。そして、維新をはさんで十二年後の一八七七（明治十）年、乙丑の獄で処断された志士たちの遺児を中心にした青年士族グループが、福岡の変で反政府蜂起に失敗し、二代続けて非命に倒れる。

頭山ら玄洋社結成メンバーは、乙丑の獄を十代で目撃した。姫島までの望東尼護送の任務にあたった十人の中には、当時十五歳だった箱田六輔もいた。

望東尼は、自らを枯れ木にたとえ、同志を一度に失った悲しみを詠んだ。

咲きもせで散るさへあるを桜木の枯れ木ながらになに残るらむ

獄中では、亡くなった同志を弔うため般若心経を血書した。

流罪になった翌年の九月、望東尼は高杉晋作の計略によって奇兵隊士らの手で救出される。

その後、高杉の臨終に立ち会い、長州にとどまって志士への支援を続けるが、姫島脱出から約一年後の一八六七年に世を去る。

望東尼が幽閉された獄舎の横に、「明治三十五年竣工」と記された記念碑が立っていた。工費寄付者の筆頭に、玄洋社初代社長・平岡浩太郎の名が見える。隣の「昭和九年記念碑修築費寄付者」のプレートには、頭山や内田良平、広田弘毅、緒方竹虎ら、玄洋社関係者の名前がずらりと並んでいた。

獄舎と同じく、望東尼をしのぶ遺構として福岡市・平尾に復元された山荘の歌碑には、次のような歌が刻まれている。

武士のやまと心をよりあわせただひとすぢのおほつなにせよ

望東尼は、この歌に託して、生き残った人々が進むべき道を示したのだろう。頭山らも、それを受け継ごうとしたに違いない。

玄洋社生みの親・高場乱

福岡市のＪＲ博多駅近く、住吉神社向かいの高層ビルが立ち並ぶ一角に、「人参畑塾趾」と刻んだ石碑が立っている。明治の初め、高場乱《たかばおさむ》という女性が開いた私塾があったことを示す碑だ。碑の文字は、頭山が筆をとっている。

塾の正式な名は「興志《こうし》塾」。塾があったあたりには藩政時代、薬用朝鮮人参の栽培地があり、一帯は人参畑と呼ばれていた。だから高場の塾は、正式名称より、もっぱら「人参畑塾」で通っていた。

現在の福岡市博多区祇園町で眼科医の娘に生まれた高場は、跡継ぎとして育てられた。一方で、陽明学を修め、一八七一（明治四）年ごろ人参畑に塾を開き、黒田藩の子弟を集めて講義を行った。塾生には、福岡の変で処刑された武部小四郎や、のちに玄洋社に結集する頭山、進藤、平岡、奈良原、月成功太郎、来島恒喜《くるしまつねき》らがいた。

高場の子孫で、玄洋社の研究者としても知られる福岡地方史研究会会長の石瀧豊美は、「高場は、玄洋社生みの親と言ってもいい。女性的な望東尼と、男性的な乱。玄洋社創設に参加する若者に影響を与えた二人の女性が、対照的なのも面白い」と話す。確証はないが、高場と野村望東尼はいとこの関係だったともいう。

福岡市の玄洋社記念館が所蔵している高場の肖像画は、男装をし、牛に横座りして乗っている。

「（高場は）幼少から男児扱いで育てられ、藩庁から帯刀も許されていた。養子には『父』と呼ばせていた」と石瀧は言う。

後年になってからの書簡で、高場は「幼時より威武富貴も心動かさず」と書いている。石瀧は高場を、「生涯を武士として生きた」と見る。

頭山と高場の出会いは一八七一年ごろ、頭山十六歳のころと言われる（一八七四年との説もある）。目の治療に訪れた頭山が塾への入門を請うと、高場は「やめたほうがいい。乱暴者ぞろいじゃ。仲間に入ったとして無難にはいかん」と断る。頭山は「それならなおさら入りたい」と無理やり入門したという。

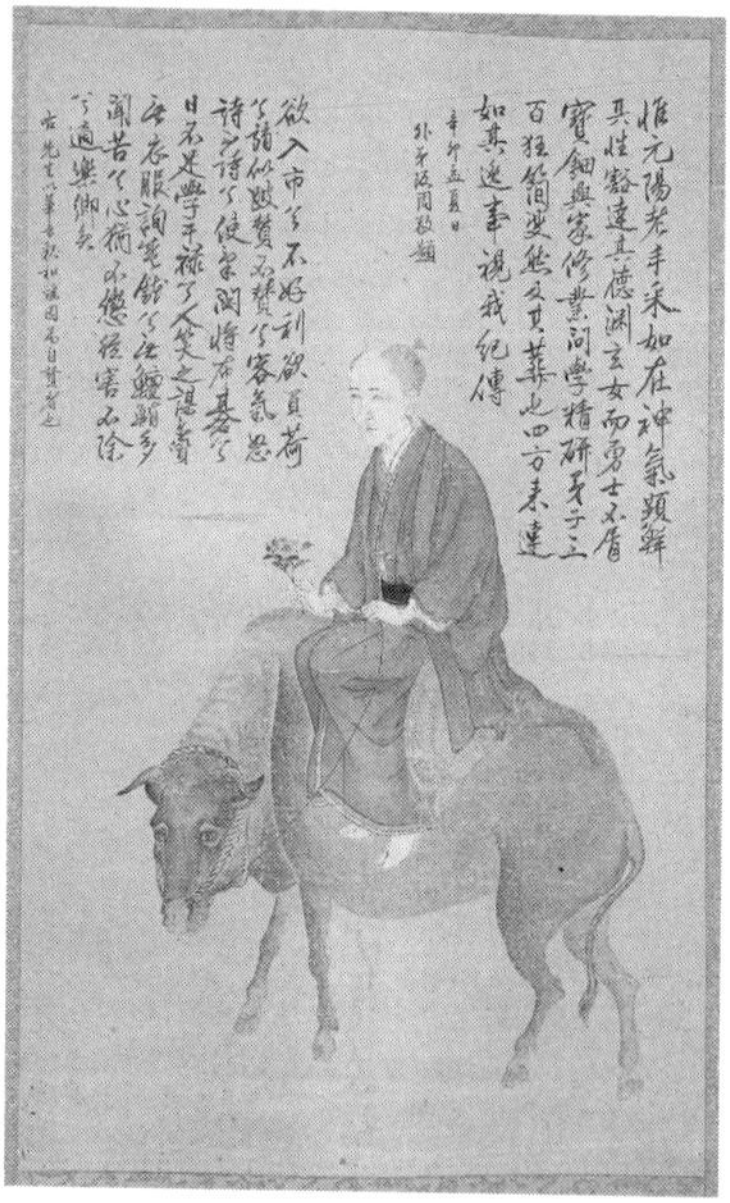
高場乱の肖像画（玄洋社記念館蔵）

人参畑塾時代の様子は、あまり多くは伝わっていないが、頭山は、怒らせようとする塾生たちの挑発にも乗らず、年齢に似合わぬ老成した振る舞いで塾生たちの尊敬を集め、高場も信頼を寄せた。
頭山は高場をこう回顧している。
「無欲、恬淡、至誠、豪快の先生じゃった。教えは徹頭徹尾、実践だ。区々たる文章の枝葉末節など頓着なく、大綱だけを肚に入れさすのだ」

石瀧もまた「高場乱小伝」(『玄洋社発掘』)の中で、「(頭山に対し)分別を付け加えたりせず、放任したことが、高場の教育上の成果」と評している。

一八九一年、五十九歳で没した高場は、福岡市博多区・崇福寺の玄洋社墓地で頭山の隣に眠っている。墓碑の題字「高場先生之墓」は勝海舟の書。玄洋社社員三九〇人の名を刻んだ墓地の「銘塔」の中で、女性は高場ひとりである。

自由民権運動との出合い

西南戦争が終結した一八七七(明治十)年九月、頭山らは釈放されて福岡に帰ってきた。武力によって政府に対抗することは、もはや不可能だった。挫折した頭山らは、博多湾に突き出た海の中道に「開墾社(向浜塾)」を設けた。そこには、加藤司書が伐採権を持つ松林があった。頭山らはその権利を受け継ぎ、松材を売却して経済的自立を図りつつ、新たな道を模索し始めた。

『巨人頭山満翁』によると、そんなある日、自宅近くの畑で芋掘りをしていた頭山に、同志の一人・来島恒喜が大久保利通暗殺の報をもたらした。

めた。

「大久保が、やられましたぞ」

頭山は、くわを投げ捨てた。

「おれは土佐に行く。板垣（退助）が立ち上がるかもしれん」

兄から旅費を借りた頭山は、草履を突っかけただけの姿で、スタスタと四国へ向けて歩き始めた。

明治新政府の支柱となっていた大久保利通が、東京・紀尾井町で凶刃に倒れたのは、一八七八年五月十四日。「大久保暗殺」の報を受けて福岡をたった頭山は、山口を経て船で四国に渡り、愛媛から陸路、高知に入った。

板垣退助の旧宅は、今は市街地になっている高知市の南端、浦戸湾のほとりにあった。福岡から高知（土佐）に乗り込んできた頭山は、海を見渡す板垣邸の二階、十畳の間で、いすに座って板垣と向き合った。胸のうちを聞き出そうとする頭山に、板垣は「武力より言論で」と語りかけた。板垣の決起を期待していた頭山は肩透かしを食ったかたちとなった。

しかし、板垣訪問は、頭山とその同志たちにとって大きな分岐点となった。それは、頭山と「自由民権運動」との出合いの瞬間だった。

ところで、頭山が訪れたころの高知は、どういう状態だったのだろうか。

征韓論争で政府首脳が分裂し、西郷隆盛とともに参議を辞して下野した板垣は、一八七四年、故郷の高知で民権結社のさきがけとなる「立志社」を創立した。その一方で、副島種臣《そえじまたねおみ》らとともに、民撰議院設立建白書を提出。国会開設要求をてこに、反政府勢力を結集しようとしていた。立志社には、子弟らの教育機関も併設され、ベンサムの法理書やミルの『自由之理』を教科書に使っていた。

自由民権運動の研究者・外崎光広は、高知が自由民権運動の先駆地になった理由を、「板垣の周囲に、片岡健吉ら洋行経験のある多彩な人材がそろっていたから」と説明する。

高知では立志社の指導で地方自治組織の民会活動が活発になり、小区会、大区会、土佐州会、県会と、下から積み上げていく「議論の府」が組織され、さながら〝ミニ国家〟の観を呈していた。こうした土壌の上で民権運動が本格化するのは、一八七七年二月に西南戦争が起きた直後のことだった。一時、参議に復帰していた板垣が再び下野し、高知に戻ってからだ。外崎は板垣の帰郷理由を、「立志社の青年士族が西郷の反乱に呼応し、軽挙妄動に走ることを抑えるためだった」と見る。

翌年、頭山と会った当時の板垣は、四十一歳。十八歳年下の頭山に中央の政情を語って聞かせ、近代国家の道を歩み出したばかりの日本にとっては、憲法制定や責任内閣制を実現することが何より優先すると説いた。板垣側の記録である『自由党史』は、「志士土佐に遊ぶ者多し」と頭山らの名を挙げ、板垣が壮士のはやる気持ちをなだめ、民権を教え導いたと書いている。

頭山の高知滞在は数か月に及んだ。この間、頭山は立志社の演説会に飛び入りで参加し、初めて大衆を前にした演説を体験した。さらに、福井の杉田定一、福島の河野広中ら、高知を訪れていた全国の民権家たちと親交を結び、人脈を広げていくきっかけをつかんだ。

植木枝盛の招聘

そしてもう一人、玄洋社結成に大きな影響を及ぼすことになる人物を知る。高知出身で、当時の自由民権運動の代表的な論客・植木枝盛《えもり》である。

植木は、十六歳の時から三十四歳で亡くなる一八九二(明治二十五)年まで、身辺の重要な出来事を日記に書き残している。その日記に頭山の名前が頻繁に登場し始めるのは、一八七八年十二月からである。

五日　頭山満来る　立志社へ行く

六日　朝頭山満を問(訪)ふ

このころ高知を再訪していた頭山は、二つ年下の二十一歳だった植木に福岡来訪を依頼した。

翌年一月、福岡に到着した日のことを、植木は次のように日記に書いている。

四日　博多二口屋与平(中島橋口町)方に投宿す。此日寒気実に猛烈、途上辛酸云ふべか

らず

高知に板垣退助を訪ね、自由民権運動の熱気に触れた頭山の動きは素早かった。

一八七八年九月、大阪で立志社主導のもとに「愛国社」再興大会が開かれた。愛国社はその三年前、板垣らによって全国規模の政党結成を意図して結成されたが、その後、自然消滅したかたちになっていた。

高知に滞在していた頭山は、そのまま大阪に向かって大会に参加した。福岡からも、進藤喜平太ら頭山の同志が駆けつけた。大会で各地に民権結社設立を急ぐことが決まったのを受け、福岡に戻った頭山らは、この年秋、玄洋社の前身となる向陽社《こうようしゃ》を結成する。

立志社を模範にして作られた向陽社は、教育機関である向陽義塾などを併設。頭山の植木招聘には、理論面からの指導を仰ごうとの狙いがあった。

民権運動が本格化したばかりの時期に、立志社に欠かせぬ存在だった植木が、なぜ福岡に行ったのか。外崎は「今も不思議に思っている」と首をひねる。向陽社はすでに、植木と並んで評価された高知出身の民権思想家・北川貞彦を講師として雇い入れていたからだ。

外崎が疑問を抱く植木の福岡訪問の経緯は、頭山側の伝記に垣間見える。

頭山は、向陽社結成後に再訪した高知で、偶然、植木と出会い、「君も（福岡に）来んか」と誘ったという。植木招聘は、頭山の独断だったようだ。向陽社社長の箱田六輔からとがめられた頭山は、伝記で「おれはちょっと無茶ぢゃったんだな」と回想している。

筋金入りの民権家である一方、地元・高知では人付き合いが悪かったと言い伝えられている植木が頭山の要請を快諾したのは、頭山に「信頼に足る」と感じさせるものがあったからなのだろう。

一八七九年一月、福岡に入った植木は、到着した翌日の五日、向陽義塾開校式に参加し、日記に当日の模様を、「(向陽社) 社員はもちろん生徒及び傍観者等大勢群衆す」と書いている。

植木の福岡滞在は、約二か月と短いものだったが、植木は、代表著作となる『民権自由論』を福岡で書き上げている。

女性民権家・楠瀬喜多

頭山の高知訪問を語るうえで欠かせない女性がいる。楠瀬喜多《くすのせきた》である。高知の自由民権運動史にもその名を残し、地元では、「民権ばあさん」と、親しみと敬意を込めた呼び名で語り継がれている。高知市立自由民権記念館の学芸員・山村和代は、「おそらく、日本で女性参政権を求めた最初の女性。女性民権家の象徴的存在」と言う。

藩政時代末期、米穀商の娘に生まれた喜多は、土佐藩士に嫁いだ。しかし、三十八歳の時、夫と死別。ちょうど板垣らによって高知に立志社が結成されたころだ。

家長である「戸主」となった喜多は、夫を亡くしてから四年後の一八七八（明治十一）年九月、県庁に「納税ノ儀ニ付御指令願ノ事」を提出した。表向きは、税制に対しての異議申し立てを装っていたが、本当の目的は、女性の権利向上を訴えることにあった。

申し立ての中で喜多は、「戸主となったのだから義務も権利も男女同権のはず。区会議員を選ぶ権利もないのに、納税の義務だけあるのはおかしい」という趣旨の主張をした。「区会」とは、当時、立志社の指導で組織された地方自治制度の一つである。筋の通った喜多の主張は、新聞も大きく取り上げ、反響を呼んだ。

日本で女性参政権が実現するのは太平洋戦争後だが、高知では一八八〇年、町会組織の一つが、女性にも町会議員の選挙権・被選挙権を認める規則を制定した。喜多は、立志社の演説会があると欠かさず傍聴に訪れ、民権家の面倒をみたという。

頭山が喜多と親交を深めたのは、一八七九年ごろのことだ。高知滞在中、喜多の家に居候した頭山は、福岡に戻る際にも、同行者の分も含めて旅費を借りた。頭山を気に入った喜多から、「娘と結婚して養子に」と懇願されて、国元の事情をあれこれ持ち出して言い逃れ、何とか断ったというエピソードも残っている。

喜多は八十四歳の長寿を全うし、一九二〇（大正九）年に亡くなった。

晩年の喜多が頭山と交わした電報が、『頭山満翁正伝』に載録されている。
「マダイキテヲルカ（まだ生きておるか）」と、乱暴な言葉遣いの中に思いやりを込めた頭山流の電文に対し、喜多も「イキスギテコマル（生きすぎて困る）」と、ユーモアたっぷりに返電している。

楠瀬喜多（高知市立自由民権記念館蔵）

楠瀬家の墓地は、高知市潮江の山の中腹にある。喜多は生きている間に頭山が送ってくれたお金で自分の墓を建てた。夫の墓と〝対等〟に並んだ喜多の墓石の裏には、「頭山満建之」とある。

頭山が再び高知を訪れるのは、喜多と知り合ってから半世紀以上たった一九三七（昭和十二）年。八十二歳になっていた頭山は、板垣の記念館完成式典に出席し、喜多の墓に詣でた。

料金受取人払郵便

博多北局
承認

3217

差出有効期間
2021年10月30
日まで
（切手不要）

郵便はがき

812-8790

158

福岡市博多区
奈良屋町13番4号

海鳥社営業部 行

通信欄

通信用カード

このはがきを，小社への通信または小社刊行書のご注文にご利用下さい。今後，新刊などのご案内をさせていただきます。ご記入いただいた個人情報は，ご注文をいただいた書籍の発送，お支払いの確認などのご連絡及び小社の新刊案内をお送りするために利用し，その目的以外での利用はいたしません。

新刊案内を［希望する　希望しない］

〒　　　　　　　　☎　（　　）

ご住所

ご氏名《フリガナ》　　　　（　　歳）

お買い上げの書店名　　　　**人ありて**

関心をお持ちの分野

歴史，民俗，文学，教育，思想，旅行，自然，その他（　　）

ご意見，ご感想

購入申込欄

小社出版物は全国の書店，ネット書店で購入できます。トーハン，日販，大阪屋栗田，または地方・小出版流通センターの取扱書ということで最寄りの書店にご注文下さい。本状にて小社宛にご注文下さると，郵便振替用紙同封の上直送いたします（送料実費）。小社ホームページでもご注文できます。http://www.kaichosha-f.co.jp

書名		冊
書名		冊

玄洋社初代社長・平岡浩太郎

玄洋社が本格的に始動する時代に進む前に、これから頻繁に登場する二人の魅力的な人物を紹介しておきたい。初代社長の平岡浩太郎と、第二代、第五代社長を務める進藤喜平太である。平岡浩太郎は個性派の集まりだった玄洋社の中にあって、先見的な発想で特に異彩を放つ存在だった。

平岡は一八五一(嘉永四)年、福岡・地行五番町に福岡藩士の二男として生まれた。当時の地行は、下級士族が集まる「足軽長屋」と呼ばれた地域である。

平岡家の向かいには、幕末の尊皇倒幕運動指導者の一人・平野国臣の家があった。平岡家に遊びに来た平野が、二、三歳の平岡をひざに抱くと、平岡は、平野のひげを引っ張ったり、頭をたたいたり。平野は「この子は偉くなるだろう」と言って、かわいがったという。

子供のころから傲岸不屈の気性だった。「七」の字の最後の筆を左に曲げて書く癖があり、寺子屋の先生に「これは右に回すのだ」と注意されても、「先生は右に曲げたらよい。自分は断じて左に曲げる」と言って改めなかったという逸話が残っている。今なら落ちこぼれのレッテルを貼られかねないが、時代は、彼のような反骨、一徹な若者を要求していた。

玄洋社結成の中心となった四人のうち、頭山、箱田、進藤の三人が明治初頭、萩の乱への連座で投獄された仲間だったのに対し、平岡は西南戦争の生き残りだった。

西郷隆盛との出会いは、一八六八（明治元）年の戊辰戦争にさかのぼる。平岡は藩兵として官軍側に加わり、十六歳の初陣で、江戸、奥羽と転戦した。

江戸城で桜田門の警備を担当していた時のこと、平岡は馬に乗ってきた一人の大男の前に立ちはだかり、「待て。黙って通るとはけしからん」と制止した。

馬上の男は静かに微笑して言った。

「西郷だ」

西郷は下城する時、平岡に「歩哨の任務は重大だ。今日の君は感心だった。暇な時に遊びに来たまえ」と声をかけた。以来、平岡は西郷を慕うようになった。ちなみに彼の長男・平岡良介の妻は、西郷の実弟・西郷従道の娘・栄子である。

江戸で平岡は苦い経験もしている。短銃の暴発事故で同僚を死なせてしまったのだ。平岡は切腹しようとしたが、実兄・内田良五郎（のちに黒龍会を創立する内田良平の父）に腕を押さえられ、果たせなかった。良五郎は、「罪のつぐないは切腹くらいでは追いつかぬ。今死ぬべきところを国のためにささげるのじゃ」と諭した。以来、平岡家では銃器は御法度となった。

一八七七年、福岡の変に参加した平岡は、福岡での蜂起失敗のあと、西郷軍に合流したが、宮崎県・可愛嶽の戦いで政府軍に捕らえられ、宮崎の監獄から長崎、東京へと移送された。獄中での平岡は、「財源なくして天下国家を論じても空論にすぎない。出獄後、政界で活動しようと思えば、十万両ぐらいは作らなければならない」と、同志たちを説き続けた。

平岡の曾孫で玄洋社の歴史を研究している田中健之は、「平岡が資金づくりの必要性を思い立ったのは、西南戦争に参加した経験に由来している」と言う。西郷軍は戦費に窮し、政府軍に追い詰められた。平岡の脳裏には、この体験が焼きついていたのだろう。

平岡浩太郎（玄洋社記念館蔵）

一八八一年、国会開設の詔勅が発布される。自由民権運動家は「専制政府倒壊の日は近い」と歓迎する向きもあったが、平岡は詔勅が出た直後から、「薩長藩閥がそうやすやすと敗北するものではない。これからが戦いの本番だ」と警告していた。

そしてこの直後から「藩閥政府と戦うには、まず軍資金だ」と言って、事業経営に乗り出す。醤油や鹿児島・種子島産の砂糖の取引、あるいは銅山経営などを次々に手がけた。失敗の連続だったが、引き返さなかった。どん底を抜け出すのは、一八八九年、安川敬一郎とともに福岡・筑豊で炭鉱の経営を始めてからだった。明治期の高額所得者を掲載した「福岡県一円富豪家一覧表」（一九〇〇年）では、平岡は第一等級（所得高六万円）にランクされている。

「わが道」を進み、「炭鉱王」にのし上がった平岡が衆院議員として再び政治の表舞台に立つのは、国会開設の詔勅から十三年たった一八九四年のことである。むろん、玄洋社の仲間とたもとをわかったわけではなかった。平岡が築いた財力は、玄洋社の活動を支えただけでなく、郷土の後輩たちの勉学援助、そして、中国の孫文ら、日本に亡命したアジアの革命・独立運動家の支援に惜しみなく注ぎ込まれる。

田中によれば、平岡が一九〇六年に五十五歳で亡くなった時、残っていたのは借金だけだった。

沈勇の士・進藤喜平太

進藤喜平太は一八五〇（嘉永三）年生まれ。頭山より五歳年長である。

博多に「谷わくどう」という古い言葉が伝わっている。藩政時代、現在の福岡市中央区輝国一帯の「谷」と呼ばれる丘陵地に住んでいた、禄高の低い下級武士を指した言葉だ。雨の日に転ぶまいと足を踏んばって歩く姿が、わくどう（ガマガエル）にそっくりだとからかわれたというのが由来だ。進藤もその一人。自宅の周囲は竹藪で、夜中にスパーン、スパーンと竹を刀で切る音が近づいてくると、母親は「喜平太が帰ってきよるばい」と笑ったという。四男の一馬（元福岡市長、一九九二年死去）が、若いころの父親を語る時、よく持ち出した逸話だ。

進藤の胸には、「谷わくどう」の負けん気がたぎっていた。進藤が学んだ人参畑塾の高場乱は、「心情が高明で、素練（白い練り絹）を秋水に洗うようにすがすがしいのは進藤。この男に勇気さえあれば前途は測りしれない」と評した。

進藤喜平太（玄洋社記念館蔵）

その勇気が進藤二十六歳の時、山口・萩の獄舎で証明される。

萩の乱に共謀したとされる進藤たちへの取り調べは苛烈だった。荒縄で縛ったうえに天井から逆さづりにし、青竹でたたく。失神するまで尋問は続いた。拷問を受けた者は、衣服は破れ、傷口から血を流して房に倒れ込んだ。ところが、進藤だけは衣服の乱れもなく、いつも何食わぬ顔で座っていた。

「官憲におもねって、自白しているのでは」と疑った一人が、進藤の衣服を脱がせた。すると、同房の一同は思わず顔をそむけた。全身の皮膚は破れ、だれよりも深く傷ついていたのだ。黙して心身の痛みに耐える進藤は、以後「沈勇の士」として尊敬される存在になった。

玄洋社創立翌年の一八八〇（明治十三）年、社員六十一人で設置届を出した玄洋社は、二年後には、恩師の高場らを加え一六四人の大所帯となった。発足時は福岡・本町（現・福岡市中央区赤坂一丁目付近）にあった社屋は、のちに西職人町（現・同区舞鶴二丁目）に移る。

頭山や箱田、そして平岡らが外に向かって踏み出す中にあって、進藤は福岡にどっしりと腰を据えて本拠を守り、後輩の育成に専念する。

進藤の「沈勇」を示す玄洋社草創期のエピソードとして、ゆかりの人々が今に語り継ぐ話がある。

他県の政治結社との会合でのことだ。相手の指導者が酒を飲まない頭山に杯を強制した。

「きょうは特別だ。ぜひ一つ。受けられんのか」

満座に緊迫した空気が漂ったその時、座敷の隅からトコトコ歩み寄った進藤が、膳をまたぎ、相手の襟首をつかんでずるずると引きずり、階段から突き落とした。

進藤はニコニコ笑って、平然と言った。

「これでしまえた。飲みなおそう」

喜平太の孫で現在、玄洋社記念館館長を務める進藤龍生は、「物静かでシンの強い人だったと聞いている」と話す。だれに対しても分け隔てなく誠実に接したと言われる進藤の人格が、明治から大正、昭和へと続く玄洋社の気風をはぐくんでいく。

新しい旗印

向陽社が名称を玄洋社と改めるのは一八七九（明治十二）年暮れ、頭山が鹿児島へ西郷隆盛の墓参に訪れた前後のことである。初代社長には平岡浩太郎が就いた。頭山、箱田、進藤らが、萩の乱に連座して獄中にある時、西郷軍に参加して生き残った男である。このあたり、玄洋社草創期の逸話については次章で詳しく触れたい。ここでは、もう一度、揺籃期の玄洋社について整理しておきたい。

繰り返しになるが、玄洋社（向陽社）誕生に直接の影響を与えたのは、高知の自由民権運動との出合いだった。玄洋社はいわゆる民権結社としてスタートしたのである。

士族反乱の引き金になった征韓論争をテーマにした著作などで知られる広島市立大学教授の毛利敏彦は、「（征韓論争での）明治新政府首脳の分裂がなければ、西南戦争も自由民権運動もなかった。玄洋社も生まれていなかっただろう」と話す。

前原一誠や西郷らに呼応して武力蜂起したものの失敗した福岡の青年士族は、「自由民権」という新たな旗を押し立てて再出発することになった。

注目しておきたいのは、玄洋社に結集した人々は、ほとんど例外なく、西郷に敬慕の念を抱いていたという点である。ここに土佐派など他の民権団体との大きな違いがあるように思えるのである。

「自由民権は、薩長憎しの不平士族の旗印だったにすぎない」というシニカルな見方をする人もいるが、玄洋社の人々には、多分にそういう面があった。彼らの胸の内には、西郷の遺志を継いで「維新のやり直しをするのだ」という強い信念が燃えさかっていた。維新に乗り遅れた福岡士族の屈折した思いも投影されていたのかもしれない。

西南戦争で、西郷は鹿児島を出発するに先立って、熊本の鎮台司令長官あてに照会書を送付した。そこには「政府へ尋問の廉《かど》有之」と、挙兵の理由を記している。

「政府に問いただしたいことがある」として立ち上がった西郷の真意を、頭山らがどう理解していたのかは定かではないが、少なくとも、江戸城無血開城などの偉業を成し遂げ、維新のシンボルとも言える西郷を排斥した新政府に納得しがたい思いがあったのは事実だろう。

西南戦争が終わった直後、西郷の悲報を聞いた時の気持ちを、頭山は後年、「千年も二千年も年を経た神木が根元から折れて、どしんと大音響のした感じがした」と語っており、頭山の伝記は西郷について、「恐らく翁（頭山）の崇敬する唯一の人物」と書いている。

地位や名誉に執着することなく、いちずに、場合によっては命をかけて信念を貫き通す——そんな西郷像は、玄洋社の人々にとって自らの行動を律する規範にもなっていったようだ。

これまで見てきたように、頭山ら玄洋社結成の中心となった若者たちは、幕末−維新という、国そのものが生まれ変わろうとする激動期に青春時代を送った。それは、西郷や前原ら、維新後に反政府行動を起こした人々だけでなく、政府側に立った人々も、「新しい国のかたち」を模索して苦闘していた時代である。

玄洋社のような反政府のグループも政府側も、鋭く対立しながらも、アジアに食指を動かす列強と対等に渡り合える国にしなければならないという使命感は共通していた。

こうした時代に生きた頭山らの思考や行動の原点には、常に「国」という意識があったように思う。

燎原

民権から国権へ

沸騰する民権運動

福岡市中央区舞鶴の玄洋社記念館に、数枚の和紙をとじた記録が残っている。一八七九（明治十二）年十一月、大阪で開催された自由民権結社・愛国社の第三回大会決議録である。玄洋社の最後の社長で、のちに福岡市長を務めた進藤一馬が大切に保存していたものだという。

国会開設請願が議題とされたこの大会では、当時、玄洋社の前身・向陽社の社長だった平岡浩太郎が幹事として大会をリードした。決議録には平岡の発言が克明に記されている。

「我が輩は愛国社に偏らず、広く有志を集めて陛下に願望すべきだと思う。来年の会議は愛国社の大会としてではなく、社外の有志とともになされることを希望する」

国会開設の要求を成功させるには、広く国民に呼びかけるべきだ、という平岡の主張は、参会者多数の賛同を獲得した。これは翌年三月、国会期成同盟を結成する動きへとつながっていくと同時に、自由民権運動の中で玄洋社が脚光を浴びる契機となった。

明治十年代初頭、西南戦争などの反政府内乱を制圧して危機を乗り切った政府は、「殖産興業」のスローガンを掲げ、政府主導による近代国家建設に向けて歩み出した。これに対して、藩閥やエリート官僚中心の集権体制に不満を募らせる在野勢力は、自由民権運動に結集し、国会開設や憲法制定を旗印に掲げて反政府機運をかきたてようとしていた。

武力蜂起に失敗し、武力による政府転覆に勝ち目がないことを悟った頭山や平岡ら福岡の青年士族は、高知の民権家たちとの接触を通して新たな活動の場を見いだし、活気づいていた。全国の同志を前に熱弁を振るう平岡の姿を想像すると、玄洋社に集った若者たちの気負いが伝わってくる。彼らは、言葉だけでなく行動も迅速だった。

愛国社大会から一か月後の一八七九年十二月、向陽社は玄洋社と改称する。そして翌年五月、福岡県警に玄洋社として結社設置届を提出した。提出書類の添付資料によると、届け出時の社員は六十一人。頭山満、平岡浩太郎、箱田六輔、進藤喜平太ら幹部クラスは、いずれも二十歳代だった。

筑前共愛公衆会の設立

愛国社大会のひと月前の一八七九（明治十二）年十月、ひとつの檄文《げきぶん》が福岡各地の有力者に配られた。

「我輩ハ日本帝国ノ人民也。日本帝国人民タルノ権利ヲ具スル者也。故ニ日本帝国ノ国権ヲ張ランコトヲ欲スル者也」

発起人九人の中には、のちに玄洋社社員となる郡利《こおりとし》ら士族のほかに、博多の商人や農民ら四人が加わっていた。

郡らの呼びかけに応じて翌月六日、福岡市博多区の聖福寺に向陽社など民権結社のメンバーや有志ら約八百人が集まった。集会は二日間にわたり、国会開設と不平等条約改正を元老院に建白することを申し合わせた。この「聖福寺集会」は、一か月後の同年十二月、向陽社が玄洋社と改称するのと時を同じくして「筑前共愛公衆会（共愛会）」として組織化された。

共愛会は、福岡の民権運動の団結力を見せつけただけでなく、現在の福岡市とその近郊市郡、筑豊の一部など、旧筑前国一帯を網羅したその規模や運営方法にも先駆的な特色を持っていた。共愛会は、十七の郡区から三－五人ずつ公選された委員で構成した、いわば民設の「議会」だった。寺などを会場にし、議長席の隣には答弁席を設け、傍聴人も多かったという。

一方、政府は前年の一八七八年、地方の行政制度や税制を改編した。新設された県会は公選制だったが、中央の内務卿を頂点に府知事・県令－郡長・区長－戸長と連なる縦割りの行政命令系統が確立し、実態は「町村民が反政府的行動に出ることをチェックさせようという政治的意図を含んでいた」（後藤靖『自由民権』）と言われる。要するに自由民権運動を抑えるのが目的だったのだ。

共愛会設立は統制を強める政府への挑戦とも受け取れるものだった。

福岡市博多区・聖福寺

共愛会の組織化や運営は玄洋社の人々が担っていた。最もかかわりが深かった箱田六輔は、国会開設・条約改正の建言委員や会長を務め、下部組織のかなめにも玄洋社社員がいた。頭山は後年、共愛会の活動などに活躍した箱田について、「彼の熱心さは、実に見上げたものだった」と回想している。
藩政時代の階層の垣根や立場を超え

1879年ごろの頭山満（藤本尚則編『頭山満翁写真伝』より）

た連帯も広がった。リーダーの一人だった郡は、県庁の役人を辞職しての転身組だった。県会の議員でありながら共愛会に参加した者もいた。「福岡日日新聞」（一八八〇年十二月十二日）は、「小呂、玄界、姫島等も毎回必ず出頭し……」と離島の漁民も参加していたことを報じている。

自由民権運動に詳しい歴史家・進藤東洋男は、「当時の県会議員には実権はなかった。共愛会ができたのは本当の意味での自治組織を望む幅広い住民の後押しがあったからだろう」と言う。

九州の自由民権運動は、福岡、熊本を軸に展開した。一八八一年ごろの時点で、政治結社は福岡の十社を最高に九州・山口に二十七。共愛会も同年九月までに九回集会を開き、その間、二種類の憲法草案を作成した。民権運動は沸騰し、政府を脅かした。

一八八〇年一月には共愛会は全国に先駆けて国会開設と不平等条約の改正を元老院に建白したが、この行動を主導したのも、玄洋社のメンバーだった。

共愛会が国会開設と並んで条約改正を請願したのは、真に自立した国となるためには両者の実現が不可分との考えがあったからだった。国内の制度整備と条約改正は、政府にとっても急務の課題だった。

　頭山の孫・統一は『筑前玄洋社』の中で、「征韓論争も民権論も、国民的悲願たる不平等条約撤廃を最大眼目として起こったことを忘れてはならない」と指摘している。

　ところが、愛国社を改組して結成された国会期成同盟は国会開設だけを請願した。このことが、団結したかに見えた自由民権運動をやがて二つに引き裂いていく。「民権」の伸長を優先する考え方と、条約改正による「対外的国権」の確立に重きを置く路線との確執・対立が生まれてきたのである。玄洋社も例外ではなかった。

明治十四年の政変

　一八八一（明治十四）年十月十二日、情勢を一変させる政変が起きる。「明治十四年の政変」である。

　伊藤博文とともに参議として政府の中枢を担っていた大隈重信が罷免され、同時に九年後の一八九〇年に国会を開設するという詔勅が発布された。政府の実権を握った伊藤は、政府側から「立憲政体確立」をリードするため、憲法作成に取りかかった。

政府の分裂と国会開設を認める宣言――国会開設要求を政府を揺さぶる武器として使ってきた在野民権運動陣営にとって、それは一見、勝利のように見えた。しかし、政府側から国会開設の先手を打たれて目標を失った民権運動は、いわば「はしごを外された」かたちとなり、混乱していく。

この「明治十四年の政変」の裏には、政府内で大隈と主導権争いをしていた伊藤博文の巧妙な政略があった。伊藤の狙いは、大隈を追い落とす一方で、国会開設要求を反政府活動の武器にしていた在野民権派の矛先をそらすことにあった。

政変を頭山たちがどう受け止めたのか。それを直接伝える資料は見当たらないが、政変前後の九州の民権結社の動きから、玄洋社も大きな影響を受けたことがうかがえる。

玄洋社が主導して組織した共愛会の活動は、明治十四年の政変の直後から活動を停止した。一方、中央では板垣退助を中心とした自由党、下野した大隈を核とした立憲改進党の二つの政党が生まれた。

さらに玄洋社は、九州改進党（立憲改進党とは無関係）の結成をめぐる政治結社の離合集散の過程で複雑な動きを見せる。当時、福岡と並んで九州の民権運動の中軸をなしていた熊本での出来事である。

熊本では、民権結社の中心となっていた「相愛社」に対し、政変直前の一八八一年九月、西南戦争で西郷軍に加わった佐々友房《さっさ》をリーダーとする「紫溟会《しめいかい》（のちの国権党）」が結成され、相愛社と対立していた。九州改進党の結成大会は、こうした状況下で一八八二年三月に開かれた。相愛社の呼びかけに応じ、福岡、佐賀、大分、鹿児島から民権結社の代表約一四〇人が熊本に集まった。玄洋社からは社長の箱田と頭山が出席したが、結局、玄洋社は加盟を見送った。

その時の経緯を、頭山は次のように回顧している。

「相愛社と玄洋社とは仲がよかったし、おれは佐々と懇意だったので、大会に佐々も加わらそうとした」

相愛社との関係と佐々との交流を両立させようという頭山と、相愛社と対立する紫溟会に違和感を抱く社員との間に、微妙なずれと葛藤が芽生えていた。

そのころ、資金に窮乏していた玄洋社は、政治活動の一方で、山林を開墾し、桑畑を作って養蚕事業を手がけようとしていた。玄洋社の「社史」は当時の状況を、「平岡浩太郎は玄洋社社長を辞し、箱田六輔これを継ぐ。内国わずかに小康を得……」と書いている。「社史」の記述を見る限り、玄洋社の人々が慌ただしく行動した様子は伝わってこない。

「社史」は続けて、「頭山は平尾の山荘にありて社員らと農耕に楽しみ、箱田は養蚕を業とし、平岡は鉱業に志す」と記している。

九州改進党加盟を拒絶し、独立独歩の道を選んだ玄洋社の人々は、平尾に設けた開墾場で、くわを握った。午前中は畑で汗を流し、午後からは山荘で勉学に励む毎日だったという。開墾や養蚕は、財政窮乏をしのぐための策だったとも言われる。博多湾沿いの松原で、松ヤニから油を採取することも試みた。しかし、国を支えていくことを生涯の目的にしていた頭山らが穏やかな田園生活に満足していたはずはない。開墾場があった平尾は、野村望東尼《ぼうとうに》が隠世して庵《いおり》を結んでいた所だ。玄洋社の精神的なルーツとも言える望東尼ゆかりの地にこもったことは、深い因縁を感じさせる。

明治初頭、萩の乱や福岡の変の挫折を経験してきた頭山らにとって、単なる党派対立は、無意味なことに見えたに違いない。仲間が一致して行動できる目標が見つかるまでは足元を固め、力を養おうと考えていたのではないだろうか。

民権の関脇・箱田六輔

話を少し戻して、草創期の玄洋社で中心的な役割を担った箱田六輔らの動きをクローズアップして見てみよう。

山口・萩の乱に連座し、頭山や進藤喜平太らとともに獄につながれていた箱田は、より重く罪を問われ、頭山らに約一年遅れて一八七八（明治十一）年に出獄した。郷里・福岡では頭山らが民権結社設立に動いていた。箱田は早速、進藤から向陽社結成に誘われたが、にべもなく断った。

「当分、何もせん。長く家を空けていたから、家の仕組みをつけねばならぬ」

これを聞いた頭山が箱田の家に走った。

「家の仕組みもあろうけれど、まず天下の仕組みから先にしよう」

自分自身のことより国のこと、私事より公の方が大切ではないか、と頭山は口説いたのである。幕末期の戊辰戦争にも従軍し、若くして国事に奔走してきた箱田にとっては、痛い殺し文句だったに違いない。ようやく重い腰を上げた箱田は、推されて向陽社の社長に就き、草創期の玄洋社をリードしていく。

箱田六輔（社団法人玄洋社記念館蔵）

箱田は黒田藩の下級藩士の二男として生まれ、養子に出て箱田姓を継いだ。養家は福岡で知られた資産家だった。気性は激しいが、おおらかで、それでいて気配りがこまやかだった。そんな人柄を慕って若者たちが集まってきた。人を集め、組織化していく能力は、箱田を全国の民権家も一目置く存在に押し上げていったのである。

一八七九年三月、箱田は大阪で開かれた愛国社第二回大会に出席した。この年、相撲番付になぞらえて民権家をランクづけした「明治民権家合鏡」が流布した。最上位の大関には板垣退助、箱田はそれに続く関脇の地位に置かれた。実際このころ板垣は、「箱田がいれば、西日本方面は安心だ」と、その実力を評価していた。

箱田の手腕が光ったのは、福岡の民権結社や有志を糾合した共愛会の設立だった。士族中心の結社だけでなく、農民や漁民らをまとめる〝接着剤〟の役割を果たしたのが、箱田だった。

一八八〇年一月、共愛会が先頭を切って元老院に提出した国会開設建白では、代表して上京。福岡の同志に箱田は、「必ず日本全国の人民が後に続くだろう」と、誇らしげに手紙で報告している。

こんなエピソードもある。名を知られた国学者が箱田を訪ねてきた時のことである。頭山と二人、座敷に座って応対していた箱田は、空疎な言葉を吐く国学者にいらだちを募らせ、まゆをピクピクさせ、かんしゃく玉を破裂させた。

「君は、本人に違いないのか。本人ならもっと（話に）実があるはずじゃないか」

さすがの頭山も、箱田の怒りのすさまじさに驚いたという。

玄洋社社員の友枝英三郎は、晩年「（箱田から）雷のような声でしかられた時は『もう玄洋社には帰らぬ』と思う。だが、少しすると『友枝、友枝』と、いつもと変わらぬ態度。だからずっとついていけた」と語っている。

玄洋社結成から間もない一八八〇年四月、政府は結社相互の連携などを禁じた集会条例を制定し、民権運動に対する締めつけを強めた。監視の強化によって民権運動が衰退していく中で、同志六十一人で出発した玄洋社も苦しんだが、先頭に立つ箱田は結束が崩れないよう、私財をなげうってこれを支えたという。

玄洋社監督・香月恕経

草創期の玄洋社には、もう一人、重要な人物がいる。香月恕経《かつきひろつね》である。明治十年代初頭、福岡・秋月（現・福岡県甘木市）は、自由民権運動の拠点の一つとなっていた。その中心にいたのが、玄洋社と並ぶ有力な勢力を持っていた民権結社・集志社の社長・香月恕経だった。

秋月を目指して多くの民権運動家が往来し、集志社では毎日のように藩閥政府打倒を呼びかける演説会が開かれた。一八七九（明治十二）年ごろ、のちに東京で頭山と出会い盟友となる杉山茂丸も、集志社の演説会に参加している。当時十五歳の杉山にとって、この時の体験は鮮烈だったらしく、後年、香月の印象を「水滸伝の豪傑のようだった」と書き残している。この演説会参加が、杉山が後日、反政府活動を目指すきっかけになったとも言われている。

香月は一八四二（天保十三）年、黒田藩の支藩・秋月藩領内に生まれた。父祖代々の医者で、香月も家業を継いで開業したが、暮らしは楽ではなく、印判の篆刻《てんこく》と妻の内職で一家を支えていた。だが、漢学を修め、詩文や書に秀でた才能が香月を波乱の渦に投じていく。

廃藩置県前の一八六九年、藩士に取り立てられた。一八七三年、三十万人が加わり農民運動史上最大と言われる筑前竹槍一揆が起きた時、副戸長を務めていた香月は、戸長に切腹を迫ったとして捕らえられた。冤罪だったのだが、拷問に耐えながら丸一年、獄にあった。さらに、出獄して二年後には秋月の乱に連座して再び下獄する。

その後、自由民権運動の広がりとともに一八七九年、集志社結成に参画。共愛会の設立にも箱田六輔と連携して深くかかわった。国会期成同盟では箱田とともに委員に推されている。

一八八〇年、共愛会の国会開設建白で箱田らに同行して上京、ここで初めて頭山と会う。

「静かなうちにどこか堅忍不抜の気性があふれ、大義の前には一歩も引かざる犯しがたいところのあるのを認めたから、おれも大いにほれこんでしまった」

頭山は香月をこう評して絆を強めていく。

頭山との関係が深まったころ、香月を訪ねてきた親友が「頭山に使われているだけではないか」と批判したことがあった。香月はすかさず答えた。「情誼《じょうぎ》と言うべきだ。なぜなら、私は朋友に対する情誼を尽くそうとしているからだ」と。

自由民権運動を通じた出会いが玄洋社の層を厚くしていった。

香月を知ってから四年後、頭山と進藤は集志社を訪れて、香月の引き抜きにかかる。「青年を薫陶し、ともに国事に当たってもらいたい」と香月を説得する一方で、頭山らはさらに集志社ナンバー2の多田作兵衛に言った。

「(香月を)連れていきたいと思うが、君らは苦情を言わぬようにしてもらいたい。(香月に)玄洋社の面倒を見てもらおうと思っている」

強引な申し入れだったが、頭山らの懇請に多田もついに折れ、受諾した。

香月は頭山らとともに福岡へ向かった。そのころ香月は四十二歳になっていた。頭山らより一回り上の世代の香月は、以後「玄洋社監督」(頭山の言葉)の立場で若い社員の教育に携わる一方、機関紙「福陵新報」の主幹として論陣を張り、頭山らを側面から支えていくことになる。

向陽義塾と藤雲館

福岡市中央区天神一丁目にある水鏡天満宮の西側に立ち並ぶビル街の一角に、かつて学校があった。私学「藤雲館《とううんかん》」と言う。当時の番地では、天神町七十八番地。ここに藤雲館の新校舎ができたのは一八八一（明治十四）年十月だった。その年の初めから、旧藩主・黒田家の別邸を使っていたが、新校舎を建てて改めて開館式を行った。

「藤雲館創立寄付帳」（修猷館資料館所蔵）に付記された設立趣旨には、「国家の品位を高隆にし、社会の幸福を増進するは人心の敦篤人智の開明に由らざるなし」と書いてある。そして「県下子弟の智徳を開進し、教学の欠漏を補助せん事を企図せり」とも。

明治政府の教育制度改革によって公立学校の整備は進んでいたが、公立学校には入学年齢に制限があり、学資がなくて望む教育を受けられない者も少なくなかった。

藤雲館の母体になったのは、頭山らが高知の立志社に触発されて一八七九年に作った「向陽義塾」だった。向陽義塾では、漢学のほか、英国人の医師ペレーや米国人宣教師アッキンソンらを招き、法律や英語、物理、化学なども教えていた。当時の中学一覧表を見ると、向陽義塾は福岡県下有数の私学として名を連ね、塾生は一二〇人を数えている。

向陽義塾は藤雲館創立に伴ってわずか二年で閉鎖されたが、その精神は藤雲館に引き継がれ、藤雲館の初代館長には箱田六輔が就いた。設立趣旨の「教学の欠漏を補助せん」とは、公的な教育制度の不備や欠陥を補い、将来を担っていく人材を育てることを意味していた。

藤雲館では法律と英語を教科の柱にした。明治政府の法律顧問を務めたボアソナードも臨時講義をしたとの記録が残っている。ボアソナードはフランスの法学者で、一八七三年から二十二年間、日本に滞在。刑法や治罪法（刑事訴訟法）を起草する一方、明治法律学校（現・明治大学）などでも教え、在野の法学教育の基礎づくりにも貢献した人物である。

藤雲館を前身とする修猷館高校で長年教鞭《きょうべん》をとり、『修猷館二百年史』を編纂した水崎雄大は、「当時は、世の中が大きく変わろうとしていた。法律や政治への関心が一気に高まり、人々の知識欲が旺盛だったのでしょう。藤雲館では英語の原書を使って講義していたそうです」と言う。

頭山は後年、藤雲館創立の経緯を次のように回想している。

「福岡の先輩や何か四十人ばかり寄せて演説をした。寄宿舎と学校をつくって、平時は大いに道を講じ、有事には兵となるということにして大いにやろう、と」

下野した西郷隆盛が鹿児島に開設した「私学校」にどこか似ている。

頭山は演説の場で、「官吏は月給の百分の一、通常の社員は月に二十銭ずつ出してくれ」と呼びかけたという。そして「(聞き手は) はな垂れ小僧のようなやつが、えらい生意気なことを言うくらいのものだったろう」とも述懐している。この照れとも卑下ともとれる言葉から、若き日の頭山の人となりが漂ってくる。

藤雲館の歴史も短い。創立から四年後の一八八五年、校舎や備品の一切は、旧藩校の名称で再興された修猷館に吸収された。修猷館復活には黒田家の意向が働いたと言われる。

藤雲館から修猷館にいたるまで、黒田家の十二代当主・黒田長知が財政的な援助を与え、多くの人材を輩出した。日露戦争当時、外交官として活躍した山座円次郎は藤雲館に学んだ一人。そして修猷館からは、広田弘毅、中野正剛、緒方竹虎ら、玄洋社の系譜に連なる人材が次々に育っていく。

守り通した「人民ノ権利」

明治十四年の政変を境に時代はめまぐるしく動き始めた。

明治維新を主導した西郷隆盛、木戸孝允、大久保利通はすでになく、新国家の建設をリードする役割は、伊藤博文を中心とする世代に引き継がれた。政変から四年後に最初の内閣を組織することになる伊藤は、政変当時、四十歳。政権にある者も、野にあって政府と対峙する者も、ともに若く、国づくりのプランと方向性をめぐって火花を散らした。

激動の時代に筆を進めていく前に、玄洋社結成にまつわる二つのエピソードを紹介しておきたい。時に確執や摩擦を生みながらも、他に例のない長い命脈を保ち続けた玄洋社の原点を感じ取ることができると思うからだ。

一つは玄洋社の活動原則を定めた「憲則」をめぐる当局との渡り合いだ。結成から半世紀以上、一貫して変わることのなかった憲則は次の三条である。

第一条　皇室ヲ敬戴ス可シ
第二条　本國ヲ愛重ス可シ
第三条　人民ノ権利ヲ固守ス可シ

問題は第三条である。一八八〇（明治十三）年五月に福岡の警察に提出した設置届では、「人民ノ主権ヲ固守ス可シ」となっていた。

届け出時の原本は戦災で焼失したが、一九三六（昭和十一）年当時の機関紙に、「人民の主権」が「人民の権利」に変わったいきさつが掲載されている。それによると、警察への届け出の日付は一八八〇年五月十三日。警察の認可が下りたのは同年八月十一日となっている。認可まで三か月を要したのは、第三条の「人民の主権」という言葉が「天皇の大権」を認めないと受け取れる、と問題になったからだったとしている。届け出の役割を担った進藤喜平太は何度も警察に足を運んだ。だが、警察側は強硬に修正を命じ、玄洋社側は「人民の権利」に改めざるを得なかったのだという。

玄洋社側がどういった論理を展開して政府の圧力に抵抗したのかははっきりしないが、最小限の字句修正でくぐり抜けたところに、玄洋社の意地が感じ取れる。玄洋社の人々が第三条を譲れぬ不可欠の原則と考えていたのは間違いないだろう。そして、玄洋社はこの憲則三か条を、子孫にまで伝え、決して変更しないことを誓い合ったのだった。

もう一つは、玄洋社誕生の直前、箱田と平岡が鞘当てを演じた時の話である。この時、興志塾の高場乱《たかばおさむ》が、「自分の首をやるから仲直りせよ」と二人に対立を戒める手紙を送った。対立の原因は、前身の「向陽社」の名前に対する意見の食い違い（向陽とは太陽に向かうという意味で、太陽は日、つまり天皇に手向かうという意味になりかねないという議論）、あるいは萩の乱に参加した箱田一派と西南戦争に参加した平岡の派閥争いだったという説、さらには単に箱田と平岡のライバル意識だったという見方もある。ともかく、厳しい師匠からの手紙に二人は恐縮して和解、平岡が玄洋社の初代社長となった。

当時、年長の箱田、進藤が二十九歳、平岡が二十八歳、頭山は二十四歳だった。成熟するに

西職人町にあった玄洋社（玄洋社記念館蔵）

は、まだ時間が必要な世代である。中でも、特に気性の激しい箱田と平岡が生の感情をぶつけ合ったというのが実態だろう。しかし、高場から見れば、対立する二人も「家族のような同志」だったに違いない。

玄洋社という名称については、『巨人頭山満翁』に次の一節がある。

「向陽義塾を改めて政社組織となし、玄海の怒濤天を打つの勢いに則つて玄洋社と命じ、新たに活躍の準備を整へた。時は明治十二年で翁が二十五歳（数え）年の時であった」

また、のちに玄洋社に加わる杉山茂丸の長男で小説家の夢野久作は著書『近世快人伝』で、玄洋社の気風を次のように語っている。

「ただ、そこには燃えさかるような炎があった。烈々宇内を焼き尽くす炎があった。頭山がやるというならおれもやる。貴様も来い、お前も来い、という純粋な精神の集まりだった」

玄洋社は理屈なしにお互い許し合った者が集まっているため、利害得失、主義主張がいかに違っても、決して離れることがなかった。極めて自由で、束縛がなく、それでいて団結力のある組織だった。だからこそ、政界、官界、言論界に多彩な人材を送り込むことができたのだろう。

人材を求め東北へ

頭山は何かにつかれたように動き出す。一八八〇（明治十三）年五月、東京へ旅立つ。頭山二十五歳。玄洋社社員の阿部武三郎ら数人が同行した。もちろん徒歩である。阿部は「福岡からテクテク、テクテク、道々その地の名物を食いながら歩いた」という。しかし、頭山らの胸に去来したものは、そんな悠長なものではなかったはずだ。

旅立ったのは、土佐で民権運動の高まりを肌で感じ取り、「向陽社」を「玄洋社」と名づけた直後である。

東京に腰を据えるつもりはなかったのだろう。五月三十一日に東京に着き、牛込佐内町に一軒家を借りて住んだが、七月初めには、東北地方へ旅立っている。狙いは「天下に人材を物色せん」だった。国を思い、民権を広める同志を求めての行脚だった。

頭山の足は速かったらしい。「午前に十二里、午後は七、八里」というから、日に八〇キロ近くを踏破した。東京をたって一日で、土浦を経て水戸に達している。そして、福島県の三春から、仙台、盛岡、青森、酒田へと……。所によっては数日間、長くは一か月以上も有志宅に滞在した。頭山自身はこのころの自分の旅を「無銭旅行」と称している。霜や雪の中でもはだしだったという。「とにかくバカの限りを尽くしたものじゃ」と平然と言ってのけるところが頭山らしい。

福島にはほぼ一か月滞在している。木綿の着物一枚に紺のへこ帯を巻き、足駄を突っかけ、雨傘一本ひっさげただけだった。「福岡県全部をしょって立つ男」と知らされていた地元の有志たちは度肝を抜かれたことだろう。福島では県議会議長をしていた民権活動家・河野広中らが迎えた。この地では、河野ら議員六十人余りが自由民権、国会開設運動に打ち込んでいた。

頭山は無口でかつ人並みはずれた食欲の持ち主だった。福島の同志たちの証言にはこうある。「ノソリと起きて膳《ぜん》に向かい、ペロリと三人前を平らげては黙々としている。暇さえあれば、政客相手に碁を打ち、パチリ、パチリと石を鳴らしながらお互いの意思を疎通し、天下の大事を談笑の間に決する……」

そして周囲には、「静かなるうちに言い知れぬ偉大なものが潜んでいる」と感じさせずにはおかなかった。

福島滞在中、官民合同の歓迎会が開かれた。酒の勢いで新聞社主筆と警察幹部が取っ組み合いのけんかを始めた。酒を飲まない頭山はどこ吹く風で眺めていた。しかし、しばらくしてやおら立ち上がると、馬乗りになって相手を殴りつけていた幹部の足首をつかんで引きずり下ろした。今度は、主筆が幹部をしたたか殴りつける。しばらくして、「もうよかろう」。頭山のそのひと声で、けんかはやんだ。この一件も福島の同志に強烈な印象を与えた。無口で決して高ぶることはない。それでいながら大きく見える。みちのくのそこここで、同志の間に畏敬の念を与えた。

頭山にとってこの東北行脚は、民権運動の燎原《りょうげん》のような広がり、それにかけた頭山の「秘めたる情熱」のあかしだったのかもしれない。

過激な民権家・杉山茂丸

頭山が上京した四か月後、一人の若者が福岡から東京へ旅立った。十六歳の杉山茂丸だ。頭山より九歳年下。同じ黒田藩士の家に生まれた士族だったが、少年時代に頭山らとの接点はなかった。明治維新後、杉山家は漁村に移り住み、半農半漁の傍ら父親が家塾を開いて生計を立てていた。しかし、家禄を失った多くの士族が皆そうであったように生活は苦しかった。少年杉山の心には、「尊皇攘夷」を唱えて明治維新をなし遂げながら、外国に追従し、武士階級の困窮を招いた新政府は許せないという思いが募っていた。

杉山は「藩閥政府の頭をたたかん、という気持ちで東京を目指した」と述懐しており、伊藤博文暗殺を狙って伊藤邸に忍び込んだのも、新政府打倒の熱情にかられてのことだった。

上京後の杉山は、頭山と同じように腰を落ち着ける間もなく動き出している。そして関東、関西、山陰を遊歴する中で、自由民権運動に共鳴し、一匹オオカミで行動する「過激な民権家」に成長していった。

政府は「共和制や民主革命に通じる」として自由民権運動を警戒しており、民権活動家に対する政府の弾圧が厳しくなったのは、杉山が上京したころからだった。

一八八〇（明治十三）年四月に制定された集会条例は、政治結社の結成や政治集会開催に警察の認可を義務づけ、結社相互の連携を禁止した。一八八二年の改正によって、あらゆる結社、集会が取り締まりの対象となった。明治初年に制定された新聞紙条例や讒謗律《ざんぼうりつ》は、思想や言論、つまり一部の知識人をターゲットにしていたが、集会条例は不特定多数の民衆を規制の対象とした。政府にとっては、自由民権運動の広がりが、それだけ脅威だったことを物語っている。

政府の監視が強化されたためだろう。杉山は単独あるいは少数の仲間だけで行動した。しかし、藩閥打倒の覚悟は本物だった。

上京直後の杉山は、まず二十銭で東京の地図を買い求め、藩閥巨頭の邸宅を頭に入れた。標的を見誤らないように伊藤の写真を一銭五厘で手に入れた。数人の年下の同志を見つけ、フランス革命の過激政党の名前を拝借して「ジャコバン党」と名乗った。

一八八三年ごろ、いったん帰郷した杉山は、熊本に紫溟会の佐々友房を訪ねている。初対面の佐々に、杉山は活動資金を無心した。佐々は杉山という人物に感じるところがあったに違いない。何も言わず一六〇円を渡した。今で言えば四、五百万円ぐらいであろうか。杉山は借用書代わりに「自分のと政府高官のと、首二つを抵当に」と約束したという。

乱暴なやり取りには違いない。しかし、志ある人々が、先入観にとらわれず、自分の鑑識眼を信じて絆を深めていく光景が目に浮かんでくる。こうした出会いや信頼を基軸にした行動様式は、玄洋社の人々の軌跡をたどる中で数多く見聞することができる。

東京と九州を往来する一方で、頭山と同じように全国行脚を重ねた杉山は、自由民権運動のリーダーの一人だった後藤象二郎らとの交流を通じて目覚めていく。背に負った柳行李に、ルソーの『民約論』やミルの『経済論』などの書物をしのばせて歩くようになっていた。

『杉山茂丸傳　もぐらの記録』（野田美鴻著）という本に、一枚の面白い写真が掲載されている。

男が手ぬぐいのような白い布でほおかむりし、縦じまの着物にももひき、手には大量の新聞を押し込んだズックかばんを持っている。一八八四年、東京・浅草で撮られたこの写真は、当時の典型的な新聞売りの姿である。売っているのは政府批判で人気を集めた朝野新聞。写っているのは杉山茂丸。二十歳のころのものらしい。

浅草や銀座の人込みの中では、さすがの杉山も売り込みの声が出なかったという。ユーモラスないでたちに対して、立派なひげ、そして緊張感を漂わせた表情がどこかぎこちない。有力者へのツテも金もない書生生活、生活費稼ぎの新聞売りだったが、それは官憲の目を欺く隠れみのでもあった。杉山はのちに当時を振り返って、「東京に乗り込み荒れ回ったので、政府の厳忌に触れ、大江戸のうちに体の置き所もないようになった」と語っている。

杉山茂丸（野田美鴻『杉山茂丸傳　もぐらの記録』より）

明治政府への反発をかたちにして実現する道を民権運動に見いだした杉山が、初めて頭山と出会うのは、一八八五年のことである。内閣制度が発足し、伊藤博文が初代総理大臣に就任した年のことだ。二十一歳になっていた杉山は、東京・銀座の木賃宿に高知出身の書生と同宿し、新聞売りをしながら暮らしていた。

同宿の書生が「同郷の豪傑に会うのに帽子もかぶらずに行くのは恥だ」と、買ってきた古物のシルクハットを頭に載せ、上京中の頭山が滞在していた新橋の旅館「田中屋」を訪ねた。通された二階の六畳間は、ふすまは破れ、柱もかもいも曲がり、縁の欠けた火鉢が一つ。そこでひとり頭山が座って待っていた。

五分刈りの頭に久留米がすりの羽織を着た頭山は、物静かで言葉遣いも丁寧だった。だが、杉山はその眼光の鋭さに驚いた。隣室に控えていた的野半介ら玄洋社社員が、杉山にあいさつして下がった。頭山は床板の破れ目から、階下の帳場に「お茶を持って来い」と声をかけた。知人の紹介でしぶしぶ応じた頭山との面会だったが、二人はいつしか日が暮れるのも忘れて話し込んだ。

当時、東京に集まっていた玄洋社社員の一部が、クーデターに失敗した朝鮮の改革派を支援しようと血気にはやっていた。大阪では、旧自由党の大井憲太郎を中心としたグループが、同様の動きを見せていた。情勢を冷静に見極め、「今は動く時ではない」と確信していた頭山は、自重論を説いて仲間を抑えていた。

頭山は杉山に、「才は沈才たるべし。勇は沈勇たるべし」という言葉を引き、「お互い血気にはやって事を誤らぬようにしよう」と語りかけた。
杉山は自著に「何だか一種、天使の声と聞こえた」と感激を記している。
この時の出会いから、「寝るには床を連ね、食うには卓を共にし、行蔵一日も苦楽を離れざりし」という二人の交友が半世紀にわたって続く。玄洋社人脈に連なった杉山は、以後、頭山らと連携しながら、明治・大正期の「政界の黒幕」と称される人物となっていく。

自由民権派の根城・梁山泊

杉山茂丸が政府の高官をつけ回していたころ、玄洋社の若者たちも次々に東京を目指していた。

来島恒喜（当時二十二歳）、的野半介（同二十四歳）、久田全（同三十一歳）……。一八八二（明治十五）年、平岡浩太郎らが朝鮮の「壬午《じんご》の軍乱」に義勇軍を送って介入しようとした計画が空振りに終わったのを期してのことだった（次章参照）。

軍乱では日本公使館などが襲撃された。これに対して清国は朝鮮に出兵、朝鮮を属国のように取り扱った。朝鮮半島に近い福岡に拠点を置く玄洋社社員たちにとって、朝鮮半島の動きは決して対岸の火事ではなかった。彼らが切迫感を抱いて行動に出ようとしたのは自然なことだった。

上京した来島たちのもとには、熊本、宮崎、福井の同志も加わり、七、八人で同居生活を送り始めた。『玄洋社社史』には、「東京芝弁天の一角に梁山泊をなせる」とある。今の東京・港区芝公園の近くだったと思われる。当時、玄洋社は財政窮乏の状態にあった。潤沢な資金を持って上京したはずはない。安宿か、あるいはお寺の一隅でも借りていたのではないだろうか。「梁山泊」は自由民権派の根城となり、高知の民権家・植木枝盛も顔をのぞかせていたという。


一八八二年二月、新県令・三島通庸《みちつね》を迎えた福島県は不穏な空気に包まれた。

三島は、会津若松を中心に、北は山形、南は栃木、西は新潟と結ぶ、通称・三方道路の建設に着手。男女を問わず月に一日の労役を課し、労役を提供できない場合は、男には一日十五銭、女には同十銭の負担を強いた。政府のデフレ政策で物価が下落し、農民は税に苦しんでいた。養蚕や製糸業が盛んだった関東や甲信越は、不況の直撃を受け、所有地の公売処分や破産が急増していた。

三島の強硬な施策に、自由党員が過半数を占めていた福島県会は、全議案否決で三島に抵抗。自由党員に指導された農民も反対運動に立ち上がった。

十一月、暴動を起こした農民と警官隊が衝突した。「福島事件」である。この騒乱で、県会議長の河野広中ら約二千人が逮捕され、福島自由党は壊滅。内乱陰謀の国事犯として東京高等法院に送られた河野は、軽禁獄七年を宣告された。

福島事件の波紋は、群馬や茨城、秩父、静岡、名古屋へと広がる。そして自由党や困窮した農民らの暴動を誘発していく。河野は、頭山が全国遊歴の途中に意気投合した自由民権運動の中心人物の一人である。梁山泊の来島らも気負い立ったに違いない。

一方、東京では、困窮する民衆の生活とはかけ離れた世界が繰り広げられていた。

幕末に結ばれた不平等条約の改正を目指す政府は、外務卿・井上馨を中心に欧化政策を推進した。上流階級の邸宅では、着飾った女性たちと内外の顕官が華やかな舞踏会を開いた。一八八三年十一月には、欧化政策の象徴となる鹿鳴館が東京・日比谷に完成する。普通の市民にとっての食事の定番は、めざしやシジミ汁。生卵はぜいたく品だったころだ。梁山泊の若者らの目に、きらびやかな社交場はどう映ったのか。心穏やかだったはずはない。

来島の伝記は、「(梁山泊を)在京同志の集会所となし、対外問題について研究計画するところありき」と書いている。梁山泊があった芝弁天から、北東へ約五、六〇〇メートルの所に、横浜と結ぶ鉄道のターミナル・新橋停車場があった。当時の九州からの上京ルートは、船便で横浜まで向かい、鉄道に乗り換えて行くのが普通だった。杉山が頭山と初めて対面した旅館・田中屋や二人が活動拠点にした料亭も、新橋停車場の近くにあった。

東京に乗り込んだ後輩に促され、頭山も再び上京する。九州と東京を結んで男たちの動きが激しくなる。

伊藤博文暗殺計画

さて、杉山茂丸である。彼は、東京で孤軍奮闘していた。

朝鮮の近代化を目指す金玉均率いる独立党のクーデター・甲申政変が伝わる一八八四(明治十七)年の十二月下旬、新聞は飛ぶように売れた。杉山は、まだ政変を主導した金玉均らが日本に亡命してきていることは知らず、金らを支援するため朝鮮に渡ろうと、一週間分の稼ぎを懐に入れ、神戸へ向かった。だが、官憲の警戒は厳しかった。同行した同志は神戸で逮捕された。

渡航を断念した杉山は東京に舞い戻り、再び矛先を伊藤博文ら政府高官に向ける。しかし、警視総監には、福島で民権派弾圧の指揮をとり、「鬼県令」と恐れられた三島通庸が任命されていた。東京でさらに同志三人が捕まり、全員が牢内で死んだ。

手立てを失った杉山は、意を決して東京・谷中に山岡鉄舟を訪ねる。旧幕臣の鉄舟は、勝海舟と協力して江戸無血開城に導いた功労者で、明治政府の信頼も厚く、明治維新後、西郷隆盛の要請で宮内省御用掛として明治天皇に仕えた。一八八二年に宮中を退いたあとも、取り次ぎ不要で天皇に会える数少ない存在だった。

杉山は初めて上京した時、鉄舟が主宰する谷中の全生庵《ぜんしょうあん》で剣術や禅の修行をしたことがあった。杉山はその鉄舟に、伊藤に近づくための紹介状を書いてもらおうと思い立った。内閣制度が発足（一八八五年）し、伊藤は初代総理大臣に就任していた。

杉山の話を聞いた鉄舟は激怒した。

「貴様のようなやつが訳もわからず……」

鉄舟は鉄扇で杉山の横面を殴りつけた。

それでも杉山はへこたれない。いちずな杉山に見どころを認めたのだろう。笑顔に変わった鉄舟は、その夜、食事をともにし、杉山を自宅に泊めた。

翌朝、鉄舟は伊藤への紹介状を手渡す。それにはこう書かれていた。

「この者は田舎出の正直者だが、片かじりの政治思想に捕らわれており、閣下に怨恨を抱き候。この種の青年は他日国家のご用にも相立つと存じ候間、一応ご引見よく、ご説諭、ご教訓賜りたく……」

紹介状には、「凶器持参の可能性あり」とも書き添えてあった。

官邸を訪ねてきた杉山を、伊藤は奥の和室に通した。初対面の伊藤は意外に小柄だった。

「素手でも倒せる」と覚悟を決めた杉山は、まず得意の弁舌で切り込んだ。外交、内政にわたって政府への批判、疑問をぶつけた。伊藤は資料を持ち出し、二十歳を過ぎたばかりの若者に、一つひとつ、かみ砕くように説明した。幕末のころ、攘夷運動に身を挺した自分自身の体験も交えて、誤聞や浅薄な知識だけで行動することを戒めた。

伊藤は紹介状を広げて言った。

「君を国家のため惜しめばこそ、（鉄舟は）かかる手紙を書いたのじゃ」

話のスケールが大きくて、のちに〝法螺丸《ほらまる》〟ともあだ名される杉山は、この時のことを独特のたとえで述懐している。「産婦が子供を産んだ後がこんなだろうかと思うほど、体がよろよろになった」と。

杉山の伊藤訪問の経緯は、熊本の佐々友房にも報告される。数年前、杉山は「自分のと政府高官のと、首二つを抵当に」と大見えを切って佐々から活動資金をもらい受けていた。伊藤の知恵袋として明治政府の政策立案をリードしていた井上毅は、佐々と同郷で盟友だった。杉山の一件は井上から佐々に伝えられた。

間もなく、佐々から杉山に手紙が届く。

「今後、抵当物は貴殿の首一つだけにて満足。大事にご保存なされたい」

手紙には励ましの意味が込められていた。

杉山に田中屋で頭山と面会をするよう勧めた知人とは、佐々であったとも言われている。人と人の出会いが明治の歴史を織りなしていく。

中江兆民との出会い

一八八七(明治二十)年は、三年後の国会開設に向け、自由民権派再結集の熱気が膨らむ中で明けた。

前年の十月、東京で開催された有志懇親会で、発起人の一人・星亭《ほしとおる》は、「小異を捨てて大同を旨とすべし」と呼びかけた。これによって自由党解党(一八八四年)以後、低迷していた民権各派に「大同団結」の機運が広がる。一八八七年五月には、大阪・中之島の高級ホテル「自由亭」で、二度目の有志懇親会が開かれ、全国から二〇三人が集まった。この中に頭山の姿もあった。

自由亭は、土佐堀川と堂島川にはさまれた中州の一等地にあった。現在、大阪市立東洋陶磁美術館がある所だ。当時、英国人が出した旅行案内には、「十五室、食事・サービスは優秀、食事付宿泊料金一日三円。川越しに城を望む。景色抜群」と紹介されている。頭山はここで、高知出身の民権思想家・中江篤介(兆民)と初めて出会い、深い交わりを結ぶことになる。

中江は、遅くとも明治十年代半ばから、玄洋社の面々と接触があった。一八八二年に上京した来島恒喜は、中江が主宰する仏学塾で学んでいるし、一八八四年には、中江は平岡浩太郎らとともに中国・上海に渡り、人材養成学校「東洋学館」の設立に参加している。

頭山も中江の存在はもちろん知っていたはずだが、二人が直接、顔を合わせたのは、この有志懇親会の席が初めてだった。懇親会の発起人の一人だった中江は、このころ頭山より八歳年上の四十歳。中江は初対面で頭山が気に入ったらしく、懇親会が開かれている間、三日続けて頭山の宿を訪ねている。二人が何を語り合ったのかは伝わっていない。しかし、頭山は後年、中江への親しみを込め、「毎日、ビールを半ダースずつ飲んで帰った」と述懐している。

ちょうどこの時期、中江は、代表作となる『三酔人経綸問答《さんすいじんけいりんもんどう》』を出版している。スマートな哲学者の「洋学紳士君」、かすりの着物を着た「豪傑君」、酒好きの「南海先生」の三人が登場し、それぞれ西洋近代思想の理想論、国権論、現実主義の立場から議論する筋立ての小説である。当時の日本が抱える課題や考え方がわかり、今読んでも面白い。中江は、この本を出した二か月後から「兆民」という号を使い始める。「億兆の民」、つまり、民衆の側に身を置くという決意を表したものだ。

中江は、『三酔人経綸問答』の草稿を、政府高官の井上毅に見せて意見を求めている。伊藤博文のもとで政府を主導していた井上は、反政府の側にいた中江の依頼を受け、面食らったのか、「趣向は面白いが一般人には理解しづらいだろう」と率直に助言している。

頭山と中江も、政治活動や考え方が常に一致したわけではないが、人間としての信頼で結ばれた交わりが続く。のちに病床で書き残す遺作で、頭山について「大人《たいじん》長者の風あり、かつ今の世、古《いにしえ》の武士道を存して全《まつた》き者は、独り君有るのみ」と評した言葉は有名だ。

思想や行動を超えて信頼を結び得たのは、なぜだったのだろうか。

元日本女子大学教授で中江の研究者・松永昌三は、「いかに国の独立を維持していくか。向き合う課題は共通していた。その意味で、当時の人はみんなナショナリストだった。そして、信頼できれば、思想的には違っていても評価するという人間に対する包容力があった」と語る。

余談になるが、頭山と中江が会った自由亭は、長崎が発祥地である。創業者の草野丈吉は、高知の民権派指導者の一人・後藤象二郎とのかかわりが深く、明治初年、後藤の引きで大阪に進出し、成功を収めた。中之島の自由亭は一九〇一年に焼失するが、長崎の支店（西洋料理店）はグラバー園に移築され、今も残っている。

ボアソナードの意見書

大阪・中之島の自由亭で民権派有志の懇親会が開かれていたころ、中央では、外務大臣・井上馨が主導する不平等条約の改正交渉がヤマ場にさしかかっていた。

『玄洋社社史』は、幕末に欧米各国と結んだ不平等条約によって、関税を自主的に決める権利も、在留する外国人を裁く権利も持たない当時の日本が置かれた立場を、次のような言葉で表現している。

「諸外国の我が国を遇する、あたかも小児を遇するがごとく」

欧米列国が参加した改正会議は、一八八六（明治十九）年五月から始まり、国民には秘密のうちに進められた。

大阪に民権活動家が集結したころ、条約改正案は各国の承認を待つばかりの段階にきていた。だが、意外なところから改正案反対の声が噴き出す。政府の法律顧問を務めていたフランス人法学者ボアソナードが、総理大臣の伊藤博文に意見書を提出したのだ。

「（改正案は）一国の司法権と立法権の侵害であり、旧条約に比べて不利益を全国に流す」

ボアソナードは、「藤雲館」でも講義をしたことのある人物。一八七三年に来日して以来、法律の整備に貢献し、日本人の気質も見抜いていた。彼は、伊藤の懐刀の政府高官に意見書の公表を迫り、強く警告した。「日本人のように愛国心の熾烈な国民は、反乱を起こしてまで立ち上がるかもしれない」と。

井上がまとめた改正案は、国内全域で外国人の居住や商活動を認め、外国人に関係する裁判は、過半数の外国人判事を加えた裁判所で行うというものだった。

条約改正の実現をあせったのだろうか。この案は確かに、日本の将来に対して危険な要素をはらんでいた。日本が外国人を裁くことができない当時の領事裁判権（治外法権）は、外国人居留地に限定された問題だったが、居住等の自由化と外国人判事の任用は、実質的に治外法権を国内全体に広げる恐れがあったからだ。歴史学者の色川大吉は、この点について著書の中で、「(もし井上の改正条約が実現していたら）日本は半植民地となったであろう」と指摘している。

問題のボアソナード意見書は、星亭らの手に渡り、秘密出版されて流布した。反対運動は瞬く間に国民の間に広がった。改正反対の建白書が元老院に殺到し、全国から在野活動家が続々と上京した。

こうした中で、農商務大臣・谷干城《たにたてき》が、政府を弾劾する意見書を提出して辞職する。たまりかねた政府は、一八八七年七月、列国公使に条約改正会議の無期延期を通告。井上は辞任に追い込まれた。

大阪の自由亭から始まった自由民権派の大同団結のうねりは、井上の条約改正案をつぶしたことによって勢いを得、さらに大きな荒波となっていく。演説会を開いたり、「言論の自由・地租軽減・外交策の刷新」を求める「三大事件建白書」を元老院に提出したりして、反政府運動を展開した。

ところが、一八八七年も押し詰まった十二月二十五日、民権派を騒然とさせる出来事が起きる。政府が突如、保安条例を発布したのだ。「政治的な秘密結社の結成と集会の禁止」、「治安を妨害する恐れのある者を皇居から一二キロより遠くに追放する」――という内容だった。

保安条例は、民権派の動きに対する伊藤博文内閣の危機感の表れだった。運動の指導者・片岡健吉、星亨、尾崎行雄、林有造ら約五七〇人に東京からの退去命令を出した。

中江兆民も例外ではなかった。晩酌中、警察署へ同行を求められ、その後、家族とともに大阪に転居した。「老母は東京を離れたくなかったが、置いてはいけなかった」と知人に手紙を書いている。

『玄洋社社史』も、「社員中にも退却を命ぜられたるもの、又上京の途、この命に接して入京できなかったものがいた」と記す。

挫折感を強める自由民権運動と振り出しに戻った条約改正問題は、やがて、玄洋社の歩みに大きな影響を及ぼすことになる。

孤立する頭山

話をいったん福岡に戻し、自由民権運動の機運が再び盛り上がる前後の頭山を見てみよう。

福岡市中央区に「御所ヶ谷」という地名がある。福岡市動物園の北東、福岡雙葉学園などがある所だ。明治のころは「薬院村御所ヶ谷」。当時は今より広く、動物園がある丘陵地・南公園の裾野一帯を御所ヶ谷と呼んでいた。

一八八五（明治十八）年、三十歳になった頭山は、十五歳年下の峰尾《みねお》と結婚した。もっとも藩主の黒田家への届け出は、一八七三年、頭山が筒井家から頭山家の養子になった時にすませている。頭山十八歳の時のことで、「四つ（数え）年の峰尾をおれの妻にするという届けをした」とのちに回顧している。

頭山が当時住んでいたのが御所ヶ谷だった。屋敷跡は大正時代になって取り壊され、今は正確な場所もわからなくなっているが、庭先から玄界灘が見渡せる高台だったという。婚礼の祝宴も、御所ヶ谷の頭山家で開かれた。鶏を料理し、大勢の客を呼んで盛大に祝ったという。

34，35歳ごろの峰尾
（『頭山満翁写真伝』より）

頭山の細事に無頓着な性格は、結婚後も変わらなかったらしい。結婚間もないころ、峰尾を困らせた話が伝記にある。

買ったナマコの包みを担いで帰り、仕立てたばかりの着物を汚したことがあった。峰尾が「着物をメチャメチャにして」と言うと、頭山は「うん、提げられないから、かるうて（担いで）来た」とのれんに腕押し。こんなことはしばしばあったらしく、峰尾は「子供のよう」とさじを投げたという。

金銭にも淡泊だった。新婚の二人が呉服を買いに出かけた。頭山は、店主の言い値で支払った。すると、店主がかえって恐縮し、値引きを申し出た。そばにいた人力車の車夫までが「もったいない」と気をもんだが、断り通した。

様々な人たちとの交流の中で、金銭にこだわらないことが頭山の人望を高める理由の一つとなる。その性格は、私生活でも徹底していたようだ。

結婚した一八八五年は、後述するように来島恒喜ら在京の若手玄洋社社員たちが、朝鮮開化派を支援する義勇軍計画や、語学学校「善隣館」の設立計画に没頭していたころだ。頭山も福岡と東京を行き来しながら、忙しい日々を送っていたのだろう。

二つの計画が頓挫し、来島ら三人の玄洋社社員が南洋開発の調査のため小笠原に渡った一八八六年、福岡には、安場保和という男が新知事として着任している。

安場は、熊本の紫溟会を率いる佐々友房と盟友関係にあった。紫溟会は、玄洋社が提携する熊本の自由民権結社・相愛社と対立関係にあった。しかし、頭山は玄洋社の組織としての動きは別にして、個人的に佐々と意気投合し、安場とも親交を結ぶ。独自の判断で友好結社のライバルとつきあう頭山は、玄洋社の支柱と尊敬されつつも、次第に孤立感を深めていくことになる。

反発した相愛社の社員が福岡の玄洋社を訪れ、「佐々のような保守党と一緒になったのはどういうわけか」と厳しく問い詰めたことがあった。「玄洋社監督」と頭山が信頼していた香月恕経にも食ってかかった。頭山は一喝した。「言うことがあるならおれに言え。他の者にしたら、みじんにするぞ」。

30歳ごろの頭山満
(『頭山満翁写真伝』より)

玄洋社内の動揺は激しかったようだ。頭山が主だった社員に、「死をもってついてくるやつが五人でも七人でもいればそれでたくさんだ。おれの心を疑うやつは分離してくれ」と宣言する一幕があったのも、このころのことだ。「若いころ、怒るとものすごい形相になり、たいていのものは後ずさりした」という気合が伝わってくるような話である。

この年の春ごろ、薬院村に住む玄洋社関係者の母親が見た頭山の様子が伝わっている。

早朝、頭山が家の前を通りかかった。着物が引き裂かれ、血だらけになっていた。手当てして尋ねると、「二、三日前から宝満山にこもっていた」と言う。宝満山は太宰府天満宮の東にあり、古くから修験の場、信仰の対象となってきた霊峰である。山を下りてきたところで野犬の群れに襲われたのだという。

「一匹が向こうずねに食らいついて離さない。食いたいだけ食わしておいた。犬にも豪傑がおる」

頭山は冗談めかして言ったが、その表情は悄然としていた。

ひとり山にこもった頭山は、何を考えていたのだろうか。

「福陵新報」創刊

一八八七（明治二十）年八月十一日、玄洋社の社長にもならなかった頭山が、生涯、最初で最後の肩書を持った日である。この日創刊された「福陵新報」という新聞社の社長に就任したのだ。三十二歳の時のことである。

社屋は、福岡の本町八十六番地所在の旧向陽社の建物を改築した。間口九メートルの木造二階建て二棟を平屋でつなぎ、玄関を設けた。一階は新聞印刷工場と他の印刷工場。それぞれの二階は、二十畳敷きの編集室、五十五畳敷きの会議室だった。現在の福岡法務局近くだが、社屋があった場所は、ちょうど福岡市中心部を東西に貫く幹線道路・昭和通りに姿を変え、往時の面影は残っていない。

創刊時、帝国議会の開設が三年後に迫っていた。全国各地で自由民権派、国権派が新聞を発刊し、「民党新聞」と「吏党新聞」に色分けされ、ライバル意識をむき出しにして競っていた。福岡には、すでに「福岡日日新聞」があり、民権伸長の論陣を張っていた。「福陵新報」の創刊には、「民党撲滅」を掲げる知事の安場保和が肩入れし、県の印刷物を発注するなどして経営を助けた。

創刊の動機については、「九州日報」（「福陵新報」を改称）五十周年記念号（一九三六年四月）に頭山の談話が掲載されている。

「天下のために働く犠牲的な人物を養成するのが目的だった。だから他の新聞社とは出発点から異なっている。新聞のことなど分かるものは同志中、一人もおらんような始末で、ずいぶん無謀な企てだった」

杉山茂丸、結城虎五郎ら玄洋社社員が資金集めに奔走。主筆には、慶應義塾を出て、福沢諭

創刊当時の福陵新報社（西日本新聞社編『西日本新聞百年史』より）

吉主宰の時事新報で健筆を振るっていた川村惇を引き抜いた。副社長には、一八七一年、反政府事件を起こした久留米勤皇党の生き残り、鹿野淳二を招き、そのつてで記者も雇い入れた。

印刷工場関係者を含めると、かなりの大所帯だったが、はっきりした社員数は分からない。大半は玄洋社社員で、編集室や会議室に寝泊まりし、ほとんど無給で働いた。印刷機回しも、若手が夜食のうどんにありつこうと、喜んで手伝った。

当の頭山は、経営を会計担当の結城らに任せきりで、編集にも一切口を出さなかった。のちに「おれは自分の新聞を見たことがない」、「五十円の月給だったが、一文も取ったことはない」と振り返っている。

福陵新報は、福岡日日新聞に対抗しながら、創刊三か月後には、長崎港外の高島炭鉱に記者が潜入して過酷な労働実態をスクープし、キャンペーンを展開する。紙面は活気に満ち、売れ行きは上々だった。福岡日日側は「勢いにおされて毎月赤字を重ねるばかりであった」（『西日本新聞百年史』）という。

福陵新報の歴史を調べるうちに興味深い史実を見つけた。ここに、頭山が宝満山で犬にかまれるにまかせたなぞを解き明かす事実が隠されていると思う。

玄洋社関係者所蔵の史料によると、福陵新報が創刊された一八八七年、玄洋社社長・箱田六輔が警察に届けた玄洋社社員名簿に、なぜか頭山の名前は記載されていない。一方、頭山を筆頭に多くの玄洋社社員が福陵新報創刊に力を尽くしている中で、箱田が福陵新報に関係しているとの資料は見当たらない。

玄洋社の歴史に詳しい石瀧豊美に聞いてみると、「この時期、玄洋社は箱田派と頭山派に分かれ、一体感が失われていた。玄洋社の名簿に頭山の名が見当たらないのは、民権（箱田）派と国権（頭山）派の間で、人脈のずれが生じていたことを反映している可能性も考えられる」と言う。

また、九州の自由民権運動に詳しい歴史家・新藤東洋男は、「玄洋社は前身の向陽社時代から、初期自由民権運動の中核だった。だが、頭山らは朝鮮で起きた壬午の軍乱や甲申政変など、アジア情勢の急変の中で、国家主義への急激な傾斜を見せた」と説明した。

福陵新報に集った玄洋社社員と、自由民権の流れを色濃く残す玄洋社社員との間に、目に見えない垣根ができ始めていたのは間違いないようだ。頭山は民権派の主張を理解しつつも、何よりも国の将来を重んじる立場を選び取ったのだろう。

年が明けた一八八八年一月、玄洋社に衝撃が走る。

箱田死す

みぞれが降る寒い日だった。

一八八八（明治二十一）年一月十九日、箱田六輔は、早良郡鳥飼村（現・福岡市）の自宅でその生涯を閉じた。三十七歳だった。

「頭山満さんが家を訪れ、席を外すように箱田に言われたので外出した。胸騒ぎがして家に戻ると、箱田が切腹し、そばに頭山さんが立っていた。その日はみぞれで、ひどく寒かった」

箱田の死後、再婚した妻・たつは、曾孫の田中一郎に最後の日のことを、こう語っていた。田中は、「小学一、二年生のころまで、義理の大祖母と一緒に寝ていた。ある夜、寝物語のように話してくれた」と振り返る。

箱田家は、娘が玄洋社社員の息子を婿養子に迎えて継いだ。曾孫の洋輔も、「書き物などは残されていないが、代々、自決したと伝えられている」と話す。

だが、福岡市南区平和の平尾霊園に立つ箱田の顕彰碑には、「劇症心臓病にかかり没す」と刻まれている。裏側には、「有志がこれを建つ」とあり、玄洋社としての建立ではないことをうかがわせる。

前年、頭山が自由民権派に対抗する「福陵新報」を創刊し、二人は対立しつつあった。時期ははっきりしないが、お互いの信念がぶつかり合う場面が、伝記には描かれている。

「貴様を英雄と思って交わってきた。ところが貴様も頭数のようなやつと思う。そういう者と一緒になっておれと別れてゆくというのはどういうことか」

「別れるなら、これから先のおれの相手はまず貴様だろう。よく考えて返答しろ」

と、頭山はぎりぎりまで追いつめる。

箱田は、「いや頭数のような男ではない」と言葉少なく応じる。

「頭数」とは人数を頼むという意味

福岡市・平尾霊園内の箱田六輔碑

であろう。頭山は熊本の相愛社との提携を続けることを批判し、箱田は一八八〇年に国会開設建白を元老院に提出するなど、自由民権運動を担ってきた誇りをかけ、相対していたのだろう。

前身の向陽社時代から玄洋社を支えてきた箱田。その死が、頭山の前での自決だったとすれば、玄洋社社員にとって、衝撃の大きさは計り知れず、「真相」に触れることをためらわせたはずだ。頭山自身が、箱田の最期を語った記録も残っていない。

自決か病死か――。

戦後、玄洋社関係の研究書のほとんどが、自決と推定。頭山の孫・統一は著書『筑前玄洋社』で、「箱田は沈思熟慮の末、盟友頭山の意思を自ら選んだ」としたうえで、「玄洋社の社長として盟約し共に行動した相愛社の多年の情義にたいし、もっとも厳粛な形で責任を執《と》った」と解釈する。

頭山は箱田家を手厚く援助し、東京での住まいを提供している。洋輔の父・玄輔を箱田にそっくりだとかわいがり、「おじいさんは立派な人だった」と言い聞かせていた。

慷慨の士・来島恒喜

高場乱の人参畑塾時代から頭山の同志で、海の中道の開墾社時代、頭山に大久保利通暗殺の一報を伝えた来島恒喜。彼の名は一八八九（明治二十二）年十月、霞が関を震撼させた外相・大隈重信襲撃事件によって全国に知れ渡ることになる。それは、その後の玄洋社の運命を決定づける大事件でもあった。

ここでは、来島という男に視点を移して、明治十年代半ば以降の玄洋社の動きを今一度追ってみたい。

来島は、一八五九（安政六）年、福岡藩士の二男として生まれた。頭山より四歳下。直情径行の人物にも見えるが、素顔はどうだったのか。独身だったため、直接の子孫はいない。遠縁にあたる北九州市門司区の男性は、「祖父らの話では、実直で、真っすぐな人だったと聞いている」と言う。『巨人頭山満翁』は、「来島恒喜は道楽も特別なく、学問を好んだ。ただ興のわくごとに、朗々たる声で詩を吟じた。月夜に中洲の中島橋の上で悲憤の詩を朗吟する声は、両岸の人々を魅了した」と伝える。

一八八二年の秋口から翌年春にかけて、来島、的野半介ら若手玄洋社社員は、東京に出る。来島らの活動拠点は、芝公園の近く、青松寺の隣にあった。壬午の軍乱の事後収拾のため、日本を訪れた朝鮮使節一行の宿泊所ともなった曹洞宗の古刹・青松寺は、今も東京慈恵会医科大学の前の港区愛宕二丁目にある。

上京した時、二十二歳だった来島は、初めて東京に旅立った頭山がそうであったように、国

来島恒喜（玄洋社記念館蔵）

事に志を持つ人々を求め、東北や北陸地方を歴訪している。東京に戻ると、家を借りた。他県の同志も仲間に加えて共同生活を送る、文字通りの「梁山泊」となった。

しかし、ほとばしる情熱はあっても、生活費にも事欠く貧乏暮らし。面々は、来島の発案で、行商で生計を立てる方法を思いつく。当時はまだ郊外の田園地帯だった目黒や渋谷、新宿に荷車を引いて出かけ、ダイコンなどの野菜を仕入れる。そして夕方になると、銀座に屋台を出して売りさばいた。

こんな若者たちの存在を知った一人に、旧幕臣の山岡鉄舟がいた。山岡は、幕末の騒乱の中で命を落とした名もない人々が顧みられなくなっていることを憂い、一八八〇年、その菩提を弔うため禅寺を建立した。東京・谷中の全生庵である。ここに来島をしばしば招き、語り合った。

来島は、武士の美質を一身に体現した人物と言われた山岡のもとで、読書や参禅に励んだ。

一時、全生庵に住み込んだという話もある。

山岡に傾倒したのは来島だけではない。四谷にあった山岡の自宅にも、慕う若者たちが数多く集まった。

自宅裏庭には、剣術や精神修養の場として建てた道場があった。山岡の伝記は、この道場の様子を書いている。

「朝から晩まで、（来客が）絶えることがない」

「勝手に行くと、いつでも見知らぬ連中が三、四人飯を食っている」

来島や杉山も、こんな中の一人だったのだろう。

全生庵住職・平井正修は、「庵に来られた来島さんも、座禅を組んだことでしょう。鉄舟は、偏見なく人と交わる人でしたから」と、庫裏《くり》の一室で静かに語ってくれた。掃き清めた境内の中央には、八十畳敷きの座禅堂を備えた本堂が威容を見せている。

極南の孤島へ

一八八六（明治十九）年四月、東京・品川から小笠原に向かう郵便船に、玄洋社の来島恒喜、的野半介、竹下篤次郎の姿があった。

来島の伝記は、渡航の目的を、こう記している。

「世上の閑却せる南洋方面において、探検の実を挙げ、宝庫を発見し、利源を開発し……」

前年十一月、大阪で旧自由党の大井憲太郎ら、朝鮮開化派支援グループ一三九人が逮捕された。在京の民権派への監視の目も厳しくなっていた。来島らは、東京・芝の貸家から立ち退きを食い、他県の同志は四散し、梁山泊は解体した。

小笠原行きは、追い詰められた末の窮余の策だったきらいもあるが、中江篤介の仏学塾に学び、視野を広げながら「対外問題について研究計画」した中で浮かんだプランの一つでもあったのだろう。

東京から南へ約一〇〇〇キロ、当時の小笠原諸島は日本の領土として認知されてから、まだ十年しかたっていなかった。沖縄本島と同緯度のこの亜熱帯の島々の重要性が高まったのは、江戸末期の十九世紀半ばのことだ。一八五三（嘉永六）年、日本に開国を求めて来航した米国東インド艦隊司令長官のペリーは、その帰途、諸島で最も大きな父島を測量した。太平洋を航行する船舶の集散地点になると見たペリーは、自国の勢力圏に取り込むつもりだった。黒船来航から三年後、ペリーの『日本遠征記』が公刊され、幕府は初めてアメリカの意図を知る。あわてて開拓移民を送り込み、「領土」の既成事実を作った。正式に日本帰属が宣言されたのは、それからさらに十年以上たった一八七六年。諸島の人口は、漂着して住み着いた外国人を含め約百人だった。

来島らは父島に渡った。東京から一週間かかった。島の人口は六百人近くまで増えていた。牧畜や綿花、サトウキビの栽培、製塩などの産業が生まれていた。

来島らの渡航から四か月後、思わぬ人物が島に現れる。金玉均である。

甲申政変をめぐって緊張した日本と清は、朝鮮から撤兵する条約を結び、日本に亡命した金の立場は微妙になっていた。朝鮮だけでなく、清からも身柄引き渡しを要求された日本政府は、金に国外退去を命じる。金は拒絶し、フランスかアメリカへ行く道を探った。だが、資金に窮していた。政府が妥協策として選んだのが、小笠原に移すことだった。「小笠原島は我邦極南の孤島。流刑にでも処せられたるにあらざるか」。当時の新聞は、金の境遇に同情を寄せている。

八月九日に品川を出港した金ら一行は、暴風雨に巻き込まれ、三週間かかって父島に着いた。離島にあっても、金の身辺は落ち着かなかった。外国船が近づくと、刺客を警戒して山中へ避難、父島、母島を転々とし、六回、居所を移す。しかし、島民からは慕われた。学校に行けない子供たちに書を教え、一緒に遊んだ。子供たちは「アボジ（おとうさん）」と呼んでつきまとった。来島たちも、毎日、金のもとを訪ねて、慰め、語り合い、時に激しく議論を戦わせた。的野はのちに、「その奇遇を喜び、日夕相往来して前途の運命を策せし」と書き残している。

そのころ本土は、不平等条約改正交渉をめぐって騒然とし始めていた。小笠原にも、政情緊迫の知らせが届く。来島と的野は、一八八七年の春、本土に戻った。竹下は島にさらに一年とどまり、実業家を目指してアメリカに渡って、来島らとは別の人生を歩み始める。そして金も滞在二年で島を去る。

来島の焦燥感

「待て、貴様どこに行く」

「井上を斬る」

一八八八（明治二十一）年九月二十八日、福岡・中島町（現・福岡市博多区中洲）近くの那珂川に架かる橋のたもとで、男たちの声が響いた。短刀を懐中に忍ばせた来島恒喜を的野半介、岡喬《おかたかし》が必死に制止していた。来島は、福岡を訪れていた農商務大臣・井上馨を襲おうとしていた。

的野が粘り強く説得している間、岡が頭山のもとに走った。読書中の頭山は事情を聞くなり、「まあ、生かしとけ」と一言いって、再び書に目を落とした。橋に戻ってきた岡から頭山の言葉を聞いた来島は、しばらく沈黙したあと、思い切ったように短刀を那珂川に投げ捨てた。何時間たったのだろうか、すでに日が暮れていた。

井上は福岡の炭鉱地帯を視察後、中島町の旅館に投宿。来島は、これを知って短刀を握り、玄洋社から飛び出したのだった。

治外法権を国全体に広げる恐れのあった条約改正案をまとめた井上は、国民の大反対を受け、前年九月に外相を辞職したが、一年足らずで閣僚に復帰していた。改正反対運動に奔走していた来島は、「無節操だ。なぜ井上の復帰を許すのか」と憤激。この思いを、旧幕臣で枢密院顧問官の勝海舟に手紙で訴えた。

「当今のごとき国事多難の時に閣下の救済なければ、だれが我が帝国を泰山の安きにおくことができるだろうか。閣下は井上伯の入閣にいかなる意見を持っておられるのか」

期待した返事には、和歌と漢詩が記されていた。

　世の中も我もかくこそ老い果てぬ言はで心に嘆きこそすれ

勝は、来島の言い分は筋が通っているとわかりながら、「老いてしまって」と自分のふがいなさをわびていた。二十八歳の来島はひとり焦燥感を深めて、行動に走ったのだろう。

この一件後、頭山は来島をこう諭している。

「玄洋社ではちょっとまとまったことをしようと思っているから、思い思いに働くことは少し見合わせてくれ。それ以上のいいことがある。その時にやれ」と。

来島は「まとまったこと」という言葉が腑に落ちた様子だったという。

大隈重信の条約改正案

「まとまったことをしよう」――頭山は、その言葉通りに動く。

一八八九（明治二十二）年、幕末に結ばれた不平等条約の改正反対運動が再び盛り上がりを見せた時、運動を引っ張ったのは、三十四歳の頭山だった。

井上馨の後任として外相に就任した大隈重信は、佐賀藩出身。明治維新以来の懸案だった条約改正をなし遂げ、薩長藩閥政権の一角にくさびを打ち込もうと燃えていた。大隈は、井上の失敗の轍《てつ》を踏まぬよう慎重に改正交渉を進めた。前年十一月、メキシコとの間に対等な「通商航海条約」を結んだ時には、順調な滑り出しに見えた。米国、英国、ドイツ、ロシアなどの列強とは、秘密裏に個別交渉を始めていた。

その秘密交渉の内容を、英国の「ロンドン・タイムス」紙が一八八九年四月にすっぱ抜いた。陸羯南《くがかつなん》らが国粋主義を掲げて創刊した新聞「日本」は、この報道を受け、五月末から六月初めにかけて大隈改正案を連載する。

最高裁にあたる大審院の判事に外国人を任用する――。批判が集まったのはこの点だった。

「井上の改正案と五十歩百歩だ」

「国の独立を危うくする」

世論は沸騰した。

頭山は玄洋社を代表して上京。福岡では、進藤喜平太、平岡浩太郎、香月恕経ら玄洋社幹部が、佐々友房率いる熊本の紫溟会と連携して条約改正に反対する「筑前協会」を組織し、意見書を政府に提出した。意見書は、⑴わが主権を損なう、⑵治外法権の撤廃を期しがたい、⑶内政干渉の門を開く、など六点を挙げた。

東京で、頭山は反対派団体などと演説会を開き、各団体の代表者と協力して閣僚を訪問し、改正の中止を求めた。頭山は、内相兼蔵相・松方正義を、次いで前首相で枢密院議長の伊藤博文を訪ね、ひざ詰め談判を行った。

「予は一個の頭山にあらず、日本国民を代表する頭山なり」

「阻止しなければ、その責任は永劫《えいごう》許すことはできない」

頭山はたたみかけ、松方を説得した。頭山の圧力は、案内役の佐々友房が「同席に耐えかねた」というほど強かった。

頭山らの活動が奏功して、ついに伊藤も反対に回り、閣内は反対気分に包まれる。

ところが、首相・黒田清隆は八月二日の閣議でいったん大隈の条約改正案断行を決めていたが、反対運動が活発化し、明治天皇が調整に乗り出した。天皇の要請もあって十月十五日に再度開かれた閣議で、各大臣に「最終決断」を迫られた黒田は声を張り上げて言った。

「改正を断行する」

この言葉に、伊藤は枢密院議長の辞表を提出した。

なぜ、黒田は強硬に大隈を支持したのか。はっきりした理由はわからないが、当時は大隈が事実上、内閣を主導していたと言われる。

反対派団体は悲憤慷慨するばかりで、対策会議は空転した。延々と続く議論を黙って聞いていた頭山は、最後に立ち上がって言った。

「格別の意見は持たない。しかし、自分は政府に断じて屈辱的条約を締結させないことに決めた」

胸に何かを秘めたような言葉だった。座は水を打ったように静まり返った。

決行の日

一八八九（明治二十二）年十月十八日午後、来島は、玄洋社社員の月成光と二人で、愛宕山・男坂の急な階段を上ってきた。

「死を決すれば、胸にひとつもちりをとどめない」

来島は淡々とした表情で月成に言葉をかけ、坂を下りて行った。霞が関の外務省は北へ約一キロ。手に持ったこうもり傘の中に、爆裂弾が隠されていた。

月成は見とどけ役をすることになっていた。愛宕山は東京タワーや芝公園に近く、今はビルが立ち並んでいるが、当時はそこから外務省の建物が見えた。

いつ決意したのだろうか――。

この年八月二日、首相の黒田清隆は閣議で大隈の条約改正案を支持し、改正断行の方針をまとめた。ますます燃え上がる反対運動に、福岡にいた来島は将来の道を探ろうと、一緒に小笠原に行った的野半介に「命を捨てる覚悟だ」と打ち明けて上京した。

来島は、東京で反対運動の先頭に立っていた頭山をしばしば訪ね、慎重に情勢を見極めていた。大隈の警戒は厳重だった。

「言論による運動を尽くしているのだが、どうしても大隈を翻意させることができない」。来島はこんな思いを強くして、襲撃を最後の手段として選んだのだろう。

月成の兄・功太郎も「一緒にやろう」と上京してきたが、来島は「妻子がいるではないか」と止めた。来島は万事一人で決行する覚悟だった。

爆裂弾の入手にあたっては、最も信頼できる頭山に相談した。二人がどんな話をしたかは伝わっていないが、来島の決意をくみ取った頭山は、旧自由党の大井憲太郎を紹介した。大井は日本に亡命中の金玉均らを支援しようとして逮捕され、出獄したばかりだった。

来島には気がかりなことがあった。それは、箱田六輔の死後も、玄洋社内に民権派、国権派の問題がくすぶっていたことだ。来島は頭山を信頼する一方で、その死を知って号泣するほど箱田のことも慕っていた。玄洋社の先行きを考えると、気持ちが揺れたのだろう。決行の日が近づく中で、来島は、福岡の玄洋社の同志あてに長文の手紙をしたためている。

「条約改正反対運動では、民権派は冷淡で驚く。官憲党と冷評されていた国権派の紫溟会の方が素晴らしい実行力を発揮している」

「玄洋社と福陵新報を表面上分ければ、うまく行くという意見があったが、分割などを考えず、進藤喜平太社長の言う通り、玄洋社として地盤を固め、事を成すのが一番」

手紙を書き終えて、心残りはなくなった。

その日、東京はさわやかな秋晴れだった。気象庁天気相談所の記録では、最高気温は二〇・七度まで上がっていた。

来島はモーニングコートに身を包み、霞が関の外務省前に現れた。山高帽をかぶり、手に絹張りのこうもり傘を持っていた。当時は天気のよい日でも傘を持ち歩くのが流行で、怪しむ者はいなかった。

午後三時五十五分、カッカッカッと馬蹄の響きが近づいてくる。二頭立ての幌《ほろ》馬車には、外相・大隈重信が乗っていた。正門に入りかけた時、来島は傘を投げ捨て、隠していた爆裂弾をつかみ、駆け寄った。

投げつけた爆裂弾は、幌のかなめに当たって炸裂。猛煙の中で大隈は倒れた。

駆けつけた警察官の一人から「犯人はどっちに逃げたか」と問われ、来島は落ち着き払い、「あちらの方へ逃げました」と虎の門の方を指さした。

このあと皇居に向かって一礼。ポケットから短刀を取り出して鞘を払い、握った右手を高々と差し上げた。近くで見守っていた月成光への「成功」の合図だった。その手を下ろし、刃を首に突き刺して自決した。

大隈は右足を切断する重傷を負った。

新聞各社は号外を出し、この大事件を報じた。十九日付に号外を転載した「読売新聞」は、来島を「古島常吉　年齢二十五、六歳」とし、大隈が負傷したのは左足になっている。他紙も年齢やけがの程度に誤りがあり、混乱ぶりが見て取れる。きちんとした広報などなく、情報源も限られていたのだろう。

警視庁はすぐさま玄洋社関係者の摘発に乗り出した。月成ら玄洋社社員約三十人を拘引し、取り調べた。頭山は、条約改正反対の有志大会に参加するため、大阪に行っており、そこで拘引された。

「福岡市天神町一番地士族石炭商頭山満は先ごろ大阪市旅人宿に投宿し、二十日午後五時ごろ、警部一名特務巡査三名踏み込み、拘引、尋問せられたるに同夜十時ごろに至り放免せられたり」。「東京日日新聞」はこう伝えている。

福岡でも、平岡浩太郎、進藤喜平太、杉山茂丸、結城虎五郎、岡喬ら約二十人が捕まったが、最終的に罪に問われた者は一人もいなかった。来島は上京前、養子先の的野姓から旧姓に戻り、玄洋社に脱退届を出すなど、周囲に迷惑をかけないよう周到に計画を進めていたからだ。義兄の的野半介に、「国家のために一命をなげうつ場合は、必ず一身以外に累を及ぼさないようにしなければならぬ」と言い残していたという記録も残っている。

この年十一月一日、福岡・十里松原（現・福岡市博多区千代四）の崇福寺で営まれた葬儀には、千人以上の人が参列した。

来島恒喜の墓の前で（『頭山満写真伝』より）

頭山の弔辞は簡明だった。

「天下の諤々《がくがく》は君が一撃に若《し》かず」

首相・黒田清隆と閣僚はすでに辞表を提出していた。頭山は短い弔辞の中に、「来島の行動が大隈の条約改正案を中止に追い込んだ」という意味を込めたのだろう。

東京都台東区の谷中墓地、「来島恒喜之墓」と刻まれた墓は、すぐに見つかった。墓碑銘は頭山の力強い筆で書かれている。そのわきに古い墓石が横倒しにして置いてあり、やはり「來嶋恒喜之墓」と書かれている。

「勝海舟の字です」

案内してくれた田中健之が教えてくれた。田中は玄洋社初代社長・平岡浩太郎の曾孫で、頭山とも縁戚関係にある。墓の隣に立つ常夜灯には、「暗夜之燈《あんやのともしび》」という文字がかすかに読み取れる。勝が刻ませたものだという。田中は「勝が来島の気概を後世に伝えようとしたのでしょう」と話す。官憲は影響を恐れ、石工に削るよう命じたが、石工が完全には削らなかった。石工も来島の行動を意気に感じていたのだろう。

〽今度の条約改正についてネー、あまた男のある中で、私の好きな来島さん、同胞四千万人の難儀をその身に引き受けて、パッと投げたる爆裂弾（中略）どうせ死ぬならヨーホホイ、エー国のためにネ……。

世間では、こんな歌がはやっていた。だれがつくったかわからないが、国民の思いが託されていた。

現代を生きる私たちは、来島の行為の是非を問われれば、決して「是」と答えることはできない。テロリズムはいかなる場合においても許されるべきではないからだ。それは当然のこととして、ここであえて記しておきたいのは、時代背景である。当時は、言論の自由も十分に保障されてはいない時代だった。政府の方針に反する演説会は中止させられたし、来島自身、保安条例で東京から退去命令が出ていた。

こうした事情を踏まえて、田中は誤解を恐れずに次のように話してくれた。

「身を挺して行動する以外に、主張が通らないことも多い時代だった。しかし、人を傷つけた以上、責任は取る。来島の行為と後の時代の無差別テロとは異質だと思う」

さて、右足を失った大隈重信のその後である。

来島の爆裂弾は大隈の条約改正案を吹き飛ばし、大隈は失脚したが、一八九八年六月には首相に就任。陸海軍大臣以外の閣僚は憲政党員で、日本で初めての政党内閣を率いた。一九一四（大正三）年四月にも、第二次大隈内閣を組閣した。

彼は来島をどう見ていたのだろうか。語録『大隈重信は語る』には、こんな言葉が収められている。

「爆裂弾を放りつけた者を憎いやつとは少しも思っていない。いやしくも外務大臣である我が輩に爆裂弾を食わせて世論を覆そうとした勇気は、蛮勇であろうと何であろうと感心する。若い者はこせこせせず、天下を丸のみにするほどの元気がなければだめだ」

また、玄洋社の人々が来島の追悼会を開くたびに、大隈は弔詞や供物料を贈り、首相になったのちには、谷中に来島の墓参に訪れたとの記録もある。立場は違っても、国の将来を憂う気持ちは通じ合っていたのかもしれない。いずれにしろ、明治人のスケールの大きさを感じさせるエピソードである。

頭山はのちに、「来島は大隈に対して何ら恨みはない。ただ条約改正に反対してこれをやめさせようとしたのみである。条約改正中止が彼の目的達成の時である」と語っている。

今、来島の遺髪は谷中に、遺骨は福岡市博多区千代の玄洋社墓地に眠る。谷中では、田中をはじめ頭山家ゆかりの人々が命日に墓参を続け、崇福寺の墓前にも花が絶えることはない。

活動を支えた筑豊経済

政治の世界で活発に動き回る玄洋社の台所は、だれが、どのようにしてまかなっていたのだろうか。

「山田炭田開発の恩人は何といっても頭山満翁であろう」

福岡県・筑豊地区の山田市にあった下山田鉱について、『山田町誌』（一九五三年発行）はこう書いている。

明治二十年代、頭山は筑豊地区で炭鉱鉱区を手に入れようと動いていた。政府のデフレ政策による増税などの影響で、財政難が続いていた玄洋社の活動資金を得るためだ。

福岡県嘉穂町の造り酒屋「玉の井酒造」の社長・矢野喜平太は、「頭山さんからの電報、手紙に加え、鉱区取得に関する文書も数多く残っている」と話す。曾祖父の喜平治が、頭山を援助していたのだ。

当時の鉱区取得の手続きは、まず地元の承諾を受けて県に申請書を提出、農商務大臣が許可証にあたる「借区券」を出す仕組みだった。

玉の井酒造に残るのは、「明治二十一年十一月十四日、嘉麻郡山野村（現・福岡県稲築町）住民百三十人の借区出願の村方承諾証」、「嘉麻郡熊田村（現・山田市）下山田、石炭場六十万坪（一九八万平方メートル）の借区券」の控えなど五十点以上。この借区券は頭山と喜平治あてで、「明治二十四年六月一日ヨリ満十五年間借区差許スモノ也」と書かれている。喜平治の支援を受けて、玄洋社の杉山茂丸、結城虎五郎が資金調達や地元交渉を担当。炭鉱技師を雇い入れるなどして炭層を調査した。

矢野喜平治（矢野喜平太蔵）

軍艦用の石炭を英国などからの輸入に頼ることを懸念した海軍は、一八八八（明治二十一）年、予備炭田とするため、筑豊五郡で新たな開発を禁じた。この動きに三井など中央の会社と地元の鉱山経営者らは解除運動を展開し、一八八九年から一八九一年にかけ、開発ができるようになっている。頭山の鉱区取得は、ちょうどこの時期に重なる。

玄洋社の活動資金は、矢野家のような資産家や福岡・筑豊の炭鉱経営者が提供していた。また、玄洋社首脳の中にも、自ら鉱区を所有して資金をこしらえる者もいた。

明治期の筑豊地区の炭鉱の様子を記録した資料「筑豊五郡石炭鉱区及送出炭一覧表」には、麻生太吉、安川敬一郎ら著名な炭鉱経営者に交じって、頭山も鉱区所有者として登場する。平岡浩太郎は炭鉱経営によって得た金で、中国の革命家・孫文の日本での亡命生活を支えている。

しかし、頭山自身が炭鉱経営に乗り出した形跡はない。当時、各炭鉱の出炭量などを記録した鉱区一覧でも、取得鉱区の出炭量はゼロとなっている。頭山は一八九四年ごろから入手した鉱区を売りさばくことで利益を得、活動資金に充てていたようだ。

「筑豊全体で四百万坪（一三二〇万平方メートル）。北海道にも夕張炭鉱など千五百万坪（四九五〇万平方メートル）あった」

「四十万坪（一三二万平方メートル）くらいのヤマはいくつもあったが、二、三万円ぐらいで売った。山野の炭鉱は十万円で売れた」

頭山はこう回想している。

正確な換算は難しいが、当時の米や酒などの値段から二万円は一億円、十万円は五億円にもなると見られる。頭山が持っていた鉱区は優良炭鉱が多く、熊田村の石炭場は古河鉱業下山田鉱、山野村の鉱区は三井山野鉱に発展している。

筑豊地区全体の出炭量は一八八八年の五五万トンから一九〇二年には五〇〇万トンに急増しており、九州大学石炭研究資料センター長の東定宣昌は、「頭山には将来を見通す目があった。玄洋社だけでなく、福岡出身の政治家たちは、ほとんどが石炭産業から活動資金を得ていた」と話す。

頭山が矢野喜平治にあてて出した電報を紹介しておこう。

「ジキカヘスカラゼヒヲクレヲモシロキトコロジヤ」(じき返すからぜひ送れ　面白きところじゃ)。

一八九五年二月十八日、東京から送金を催促したものだ。

頭山からの電報は、十八日をはさみ、二日置きに計四回届いている。

十六日「セヒスクヲクリタノム」(ぜひすぐ送り頼む)

二十日「一ジモハヤクタノム」(一時も早く頼む)

二十二日「イソグ」(急ぐ)

当時は、前の年に清との間で火を噴いた日清戦争の帰趨も見え始め、講和条約締結まで二か月に迫っていた時期だ。

何のために、お金が必要だったのか。喜平太も「電報のやり取りの具体的な背景は聞いていない」と言う。

矢野家には、電報以外にも、喜平治にあてた頭山直筆の書簡三十一通が残されている。資金援助要請と、借りた金の返済猶予を求めたものが大半で、玉の井酒造は、こうした玄洋社への支援がたたり、明治末に一時つぶれてしまった。倒産の数年後、同酒造は地域有志の支援で株式会社として復活したが、窮迫していた矢野家は、土地、建物を現物出資したという。

戦後、両親が早世し、若くして家業を継いだ喜平太は、祖母から「昔、頭山さんが度々来ていた」と聞かされたことがある。

「（喜平治は）パトロン気取りで資金を出していたのではなく、玄洋社に共鳴し、かなり積極的に援助していたようだ。玄洋社を通して何か当時の国事に役立ったと思えば……」。喜平太の口調は、玄洋社支援で家業が傾いたことを気にする風でもなく、むしろ、誇りにしているようでさえある。

送金催促の電報から十年余たった一九〇六年十一月と一九〇七年十月、矢野家の家業が傾く直前に頭山は、返済要請に対する返事と見られる電報を二通、喜平治あてに打っている。

「子ンナイハヲクリデキヌ」（年内は送りできぬ）

「コノゴロコチラモコンナンソウキンデキヌ」（このごろこちらも困難　送金できぬ）

切羽詰まった文面は、一見とげとげしく響く。しかし、喜平太らの話を聞いたあとで読み返してみると、肉親同士のやり取りにも似た信頼感が漂っていることに気づかされる。

浜の家と洗い髪のおつま

頭山と芸者「洗い髪のおつま」の物語を紹介し、政界で縦横に働く頭山の私生活の一端を見てみよう。

二人が出会ったのは一八九二（明治二十五）年。場所は東京・新橋の待合茶屋「浜の家《はまや》」。東京の玄関口だった新橋停車場から約三〇〇メートル東にあったこの店に、頭山は流連《いつづ》けしていた。

一八七二年、新橋－横浜間に鉄道が開通し、洋風の停車場は文明開化の象徴的な建物だった。江戸時代から花街があったが、明治維新後、政府の首脳、高官、華族、実業界の有力者らが訪れるようになり、東京の花柳界でも最も華やかだった。待合茶屋で政治的な打ち合わせなどが行われ、「待合政治」と言われた。その中でも、「東都第一の評判あり、貴紳顕官を上得意としていた」（『巨人頭山満翁』）というのが浜の家で、一八七六年、旧豊後岡藩（大分県竹田市）藩主の中屋敷を借りて開業した。現在のJR新橋駅（東京都港区新橋二）の一角にあり、明治二十年代、伊藤博文、後藤象二郎、陸奥宗光ら政府首脳がひいきにしていた。

おつま（小沢健志蔵）

おつまは長崎県・対馬の武士の家に生まれた。一八九四年、東京・浅草で行われた写真で選ぶ「名妓百人美人投票」で優勝（二位との説もある）。写真は洗い髪姿で、髷《まげ》をきちんと結ったほかの芸者と違って野性味があり、人気を集め、以来「洗い髪のおつま」と呼ばれるようになったという。

頭山は、おつまが「新橋芸者」になり、浜の家に初めてあいさつに来た日から親しくなり、深い関係が数年続いた。

浜の家と頭山の関係を調べた作家・森まゆみは、著書『大正美人伝』の中で、「おつまの方がよほど頭山に惚れていた。伊藤博文や渋沢栄一、後藤象二郎など大物の座敷をはずしても浜の家で頭山と過ごしている」と書いている。

おつまの写真を持っている写真史家・小沢健志は、「のちに美人投票の時を再現して撮影されたもの。同じ新橋芸者のぽんたとともに、当時を代表する美人だった」と話す。

頭山が在京時、定宿にしていたのは新橋停車場近くの旅館・田中屋。頭山は「明治二十三年のある日、日が暮れて（田中屋から）ぶらりと外に出、日陰町（現・新橋二）を歩いていると三味線の音が聞こえる。面白い。入ってみようと思って入ったのが浜の家だった」と回想している。

浜の家の女将・お浜は頭山を信用し、遊びたいだけ遊ばせ、流連けさせることに一種の誇りを感じていたようだ。『日本花街志』には、お浜の息子の証言が収録されている。

「頭山先生を土地では『とうさん』と称していた。随分徹底して遊び耽る人もあるが、三年間も流連けの記録を持っている人は外にいない」

浜の家での頭山満（前列左，『頭山満翁写真伝』より）

「三年も一つ家にいるのですから家人も同様で、母親は一度も勘定の請求をしたこともありませんが、苦労人のとうさんはどこからともなく紙幣の入った大きなふろしき包みを持ち込んでは、帳場へ投げ込んで行く」

筑豊の炭鉱鉱区を売却した金だったかもしれない。ともかく、金には無頓着だった頭山を語る逸話の一つだ。

大日本帝国憲法の発布は一八八九年二月。翌年七月、第一回総選挙（衆議院選）が行われ、十一月、第一回帝国議会が開会した。憲政時代の幕開けとともに、頭山は浜の家を拠点に政界の情報を集めていたようだ。お浜が「気のよい親切な方」と頭山を褒めると、伊藤らは「おれたちには怖い男だよ」とこぼしていたという話が残っている。

土佐派の裏切り

一八九〇（明治二十三）年七月一日、第一回総選挙が行われた。有権者は、直接国税十五円以上を納税する二十五歳以上の男子。当時の人口は約四千万人で有権者は約四十六万人、国民の一・一％にすぎなかったが、小選挙区制で三百人の衆院議員が誕生した。

福岡県は八選挙区に分かれ、二区だけが定数二。玄洋社系は香月恕経、小野隆助、権藤貫一の三人が当選した。香月は、玄洋社の若い社員の教育に携わった「玄洋社監督」、小野、権藤は元郡長で、小野はかつて福岡の民権結社、有志が結集した筑前共愛公衆会会長を務めたこともある人物だ。

選挙前、頭山は「おれが議員にするから」と、香月らの名前を玄洋社社長の進藤喜平太に書いてみせていた。小野は立候補を嫌がったが、頭山が説きふせたという。「小野は筑前西郷といわれ、なかなか名望があった」とのちに振り返っている。その後、小野は香川県知事、権藤は長野県知事になっている。

中江兆民も、大阪から立候補して当選した。選挙前に出版した『選挙人目ざまし』で、「選挙権は政治的人民たるの権なり。政治上より言えば直接国税十五円を納むる者のみ日本国民」と制限選挙を痛烈に批判していた。

第一回帝国議会はこの年十一月二十九日に開かれた。反政府側の「民党」は一七一人で過半数を占め、政府側の「吏党」は玄洋社の三人を含め一一九人。政府は「少数与党」の多難な国会運営を迫られた。

首相・山県有朋は施政方針演説で、予算の大部分を軍備拡大に充てると宣言。これに対して民党は、歳出の三割以上を軍備費とする予算案に反発し、「民力休養」、「地租軽減」を主張した。

解散か総辞職かに追い込まれた政府は、民党の切り崩しを図った。

民権の主流、高知出身の片岡健吉、植木枝盛、林有造ら立憲自由党の土佐派二十九人が、翌年二月二十日、脱党して政府に同調、一転して予算案が成立する。「土佐派の裏切り」と呼ばれる。

「衆議院、かれは腰を抜かして、しりもちをつきたり。無血虫（血のない虫）の陳列場……

やみなん、やみなん」。土佐派の兆民は、「立憲自由新聞」にこう書き、辞表を提出した。

政治の舞台が国会中心となったこの時期、玄洋社は新しい道を模索していたようだ。

「朝野新聞」（一八九〇年七月二十一日付）は次のように報じている。

「福岡玄洋社筑前協会のおもなる人々集会討議の上、将来運動の方針として発表したるものは左のごとし。主義——自由主義を執り、かねて政治家の徳義を養うこと。目的——皇室を奉戴して責任内閣の実を挙ぐる」。これに加えて選挙権の拡充や言論の自由など、計九項目の政策目標を決めたとしている。

また、「東京日日新聞」（同年八月二十日付）は、「玄洋社も解散の運びをなすはずなりしが、その後いろいろの事情よりして種々の議論を醸成」と伝えている。

玄洋社内で、どんな議論があったのだろうか。福岡地方史研究会会長の石瀧豊美は、「可能性としては、国会にどう対応するかを議論したことが考えられる」と推測。「政党に離合集散が見られ、玄洋社でも初期自由民権時代の仲間と別れていく動きがあったようだ」と話す。

選挙大干渉

「今度は官軍でござすな。賊軍でござすな」

白鉢巻きに十字のたすきを掛け、腰に日本刀を差し込んだ玄洋社社員に向かって、老人が聞いた。

一八九二（明治二十五）年二月、福岡では隊列を組んだ玄洋社社員の姿があちこちで見られた。それは西南戦争に呼応し、福岡士族が決起した十五年前の「福岡の変」を思い出させるような物々しさだった。

第二回総選挙を控え、松方正義内閣はこの年一月、反薩長の野党勢力「民党」を議会から締め出すため、民党壮士の取り締まり強化を指示、内相・品川弥二郎の号令で、政府、警察が一体となって「選挙干渉」に乗り出した。

選挙干渉当時の頭山満
（『頭山満翁写真伝』より）

主戦場は、民党が強い地盤を持つ高知、福岡、佐賀だった。福岡では、頭山が松方を支持し、県知事の安場保和と連携して民党を弾圧した。玄洋社社員は刀や木刀を振りかざし、民党側はとびぐちや竹槍で応戦した。

頭山が社長だった「福陵新報」をめくってみよう。

「白刃きらめき、弾丸飛ぶの修羅場」

「破壊党の横暴、凶器を用い、数名に負傷せしめり」

「暴徒蜂起、警察分署を打ち破り投票箱奪う」

激しい描写が続いている。

一連の選挙干渉での死者は、福岡三人、佐賀七人など全国で二十五人。負傷者は三八八人。我が国の選挙史上の汚点であることには違いない。『玄洋社社史』でさえ、「明治聖代の不祥事として嘆息せざるものあらんや」と批判的だ。

前年の十二月、帝国議会は、海軍予算の拡充をめぐって議席の過半数を占める民党の反対で大荒れとなり、解散していた。

ロシアは東方政策のため、シベリア鉄道の建設を進め、清国との緊張関係も続いていた。頭山が松方に協力する決意を固めたのは、国防と国権の拡充が急務だと考えたからだろう。

頭山は松方から事前に確約をとっていた。

「やり出したら、どこまでも一貫せねばなりませぬぞ」と詰め寄る頭山に、松方は「四千万（全国民の意味）を相手にしてもやる」と答え、選挙に勝つまで解散を繰り返す約束をしたという。

こうした状況で行われた総選挙。福岡では玄洋社の支援した候補が九議席中八議席を獲得し、民党は一議席にとどまった。しかし、全国的には政府側の勝利にはならず、選挙干渉に対する非難の声が政府内部からも上がり始める。ついには内閣問責決議案が可決され、松方は引責辞任。頭山との約束を反故《ほご》にしてしまう。安場知事も辞職した。

松方、品川、佐々友房らは、西郷隆盛の弟・西郷従道を会長とする国民協会を設立し、再起を図ろうとする。頭山も参加を請われたが、きっぱりと断っている。

「私はやると言ってやらぬやつより、むしろやらぬと言ってやらぬやつを取る。私はこれから何もやらぬ。だれとも何もせぬ。しないと言ったらしない」

だだっ子のような言い方の中に、松方をはじめとする政治家たちに対する失望の大きさが読みとれる。

頭山は後年、青年たちに「ひとりでいても淋しくない人間になれ」とよく話していた。九州大学名誉教授・西尾陽太郎は「選挙干渉後の挫折感、孤独感から生まれた言葉ではないか」と言う。

政府の首尾一貫しない態度に幻滅した頭山は、これ以後一度たりとも、国内政治の表舞台に立つことはなかった。

そして、玄洋社は、視野を海外に転じる。

東亜

西欧列強からの独立

民権結社としてスタートした玄洋社は、やがて国権主義へと大きく旋回していった。玄洋社をそこへ導いた人物こそ頭山満であったことは、これまでに見てきた通りである。

ここに至って、頭山は「自由民権運動の志士」から脱却し、「国士」という顔を持つことになったのである。さらに頭山は「国士」の称号に加え、新たに「アジア主義者」と呼ばれるようになる。

この時期から、玄洋社は政治結社としてまとまった動きを見せることはない。組織としては次第に、同郷人のサロン的な集まりになっていく。しかし、そこに名を連ねた人々は、一人ひとりがそれぞれの立場から、頭山の主唱するアジア主義を体現していく。

舞台はアジア。

まず、「日本の心臓を狙った短刀」と言われていた朝鮮半島の状況に目を向けてみよう。

シージャック決行

明治十年代、この隣国では、王朝内部で、排外主義をとる保守派と、日本の援助で軍制の近代化を図る王妃一族が対立していた。開国派と攘夷派が争った日本の幕末とよく似ていた。

一八八二（明治十五）年七月二十三日、ソウルで給料不足を訴える兵士の暴動をきっかけに「壬午《じんご》の軍乱」が起きる。外戚の閔妃派に勢力を奪われ、回復の機会をうかがっていた大院君が扇動したもので、兵士の一部は宮中に乱入、閔妃一族を襲った。暴徒はさらに訓練院を襲撃し、教官として招かれていた日本の陸軍中尉を虐殺、西大門外の日本公使館を焼き打ちした。

日本の外務省が、反乱勃発の緊急電を受信したのは、一週間後の七月三十日。仁川港から命からがら脱出してきた駐韓公使・花房義質《はなぶさよしもと》が長崎から発信したものだった。この時、日本政府は誕生以来初めて対外戦争を意識した軍動員令を下す。朝鮮半島に最も近い福岡には、東京鎮台や熊本鎮台から派遣された部隊が続々と集結した。当然のことながら、福岡・平尾の開墾地にこもっていた玄洋社の若者たちにも緊張が走った。

反乱の直接のきっかけは、兵士への給与米の支給が遅れたことだった。しかし根底には、軍制改革で編成された新式部隊の特別待遇に対する不満と、改革を指導する日本への反発があった。

反乱兵士は王宮に乱入して重臣や軍事顧問の日本人将校らを殺害した。さらに日本人商人の米買い占めによる米価暴騰に怒りを募らせていた朝鮮民衆も加わり、日本公使館を襲撃した。反日クーデターと言われるゆえんである。

「韓地の変動につき、我が金剛、天城、日進の三軍艦は三十日午後十時に横浜を出帆」（「東京日日新聞」）

「一日、熊本鎮台小倉分営より二中隊の兵を韓地へ送る」（同）

福沢諭吉は、「時事新報」の社説で強硬論を説いた。

「政略を施行するに最第一の要は兵力にあること、特に弁明を待たず」

玄洋社で最初に動いたのは、平岡浩太郎だった。西南戦争で西郷隆盛軍に加わった平岡は、同じ西南戦争の生き残りで、西郷門下の鹿児島士族・野村忍助と呼応した。

「先輩の志を継いで、大陸経営の基礎を建てるには、この機会をとらえるしかない」

「先輩の志」とは、朝鮮との国交を開くため自ら使節として出向きたいと主張した西郷の思いを指す。国内問題を解決するのが先決とする大久保利通らと対立した、いわゆる「征韓論争」である。西郷は敗れ、下野した。西郷の真意は平和交渉による解決にあったとも言われるが、共鳴した反政府士族らの胸中には、武力を使ってでもという熱気が充満していたことは否定できない。

「征韓論」を引きずっていた平岡らは、義勇軍による介入を計画した。平岡は「政府の交渉がどうなろうと、軟弱外交を糾弾して第二の維新の突破口を作るには、この機会をおいて他にない」と考えていた。軍事行動を藩閥政府打倒に転化しようというもくろみもあったのだ。

野村は外務省御用掛の肩書を得て、日本側全権の井上馨に随行、交渉を監視することになった。途中、下関で平岡と頭山に会っている。木綿のひとえにへこ帯を巻きつけただけの姿で全権使節の船にやってきた平岡と頭山に、野村は言った。

「もし井上がし損じた場合は、井上を斬るつもりだ」

間もなく、渡韓した野村から平岡に長文の暗号電報が届く。兵を整え、至急渡韓をと催促する内容だった。

平岡は、福岡と鹿児島の士族を中心に編成した義勇軍を指揮していたが、取り急ぎ先発隊を出発させることにした。平岡は先発隊が釜山に上陸したあと、三千人を率いて釜山を目指し、一気にソウルに攻め上る計画だった。

玄洋社社員に不穏な動きがあるのを察知した警察は警戒の目を光らせていた。しかし、八十人の精鋭が商人や官吏に変装し、博多から大阪行きの汽船「此花丸」に乗り込んだのには気づかなかった。彼らは爆裂弾を抱えていた。玄界灘に出たところで、銃、剣、槍などを手に船長室に押し入り、船長を脅してシージャックを決行、釜山を目指した。だが、船脚が遅く、釜山に到着した時、反乱は清国軍によって鎮圧されていた。遠大な計画は画餅に終わった。『玄洋社社史』は、義勇軍計画を「水泡に帰し、是において同志多く東京に出遊す」と記述している。平岡らの行動は、無謀だったかに見える。しかし、そこには列強への警戒心と国の行く末を案じる痛切な思いがあった。

日本政府は八月三十日、朝鮮と済物浦《さいもつぽ》条約を結び、公使館守備の駐兵権など、権益を拡大した。この軍乱を境に、国内世論は、民権伸長から国権拡充へと大きく傾いていく。

アジアとの出合いの場・西村旅館

港町・神戸。その波止場近くの西村旅館は、終戦の年の一九四五(昭和二十)年に空襲で焼け落ち廃業したが、それまではだれもが知っている有名旅館だった。旅館があった栄町通には今、女性写真家・西村庸《よう》が住んでいる。

「空襲で宿帳も何も残りませんでした。ただ、祖父がこんな本を……」と、庸が取り出した六百二十数ページもの大冊の表紙には、『西村旅館年譜』とあった。

祖父・貫一(一九六〇年死去)が三代続いた旅館の歴史を残すため、私家版としてまとめあげたものだという。神戸開港の一八六八（明治元）年から説き起こし、戦災に遭う直前の一九四二年まで、新聞記事や船の出入記録などをもとに確認した宿泊客とそのプロフィールが記されている。

ざっとめくってみるだけで、その顔ぶれの豪華さに驚く。有栖川宮威仁《たけひと》親王、山県有朋、大山巌、大隈重信、団琢磨、岡倉天心、フェノロサ……。

庸が「男勝りで、気っぷがよかったそうです」と言う創業者・西村絹は、大阪・河内の出身。一八六七年、夫が大阪で始めた旅館業が成功し、絹は、外国航路の主要中継地として急速に発展していた神戸に出る。絹は五十歳を過ぎていたが、新しく「西村旅館」を開業した。兼業していた輸出入の海関手続きにも精通し、やがて神戸を代表する旅館に成長する。こうして絹は、幕末期の勤王派志士を支援した長崎港の「大浦お慶」、臆せず外国人とわたり合った横浜港の「富貴楼のお倉」とともに、「港の三女傑」と称される名物女将となった。

明治十年代の西村旅館の宿泊料は、普通の客で五十銭から一円五十銭。一般の旅館が一泊五銭から二十銭というころだから、最高級のランクだった。一八八三年の銅版画には、和風と洋館の二棟が並ぶ光景が描かれており、港に船が着くと、玄関には客の荷物が山積みになったという。

東京を目指した玄洋社の人々も、船旅の途次、神戸に寄港したはずだが、「年譜」には、玄

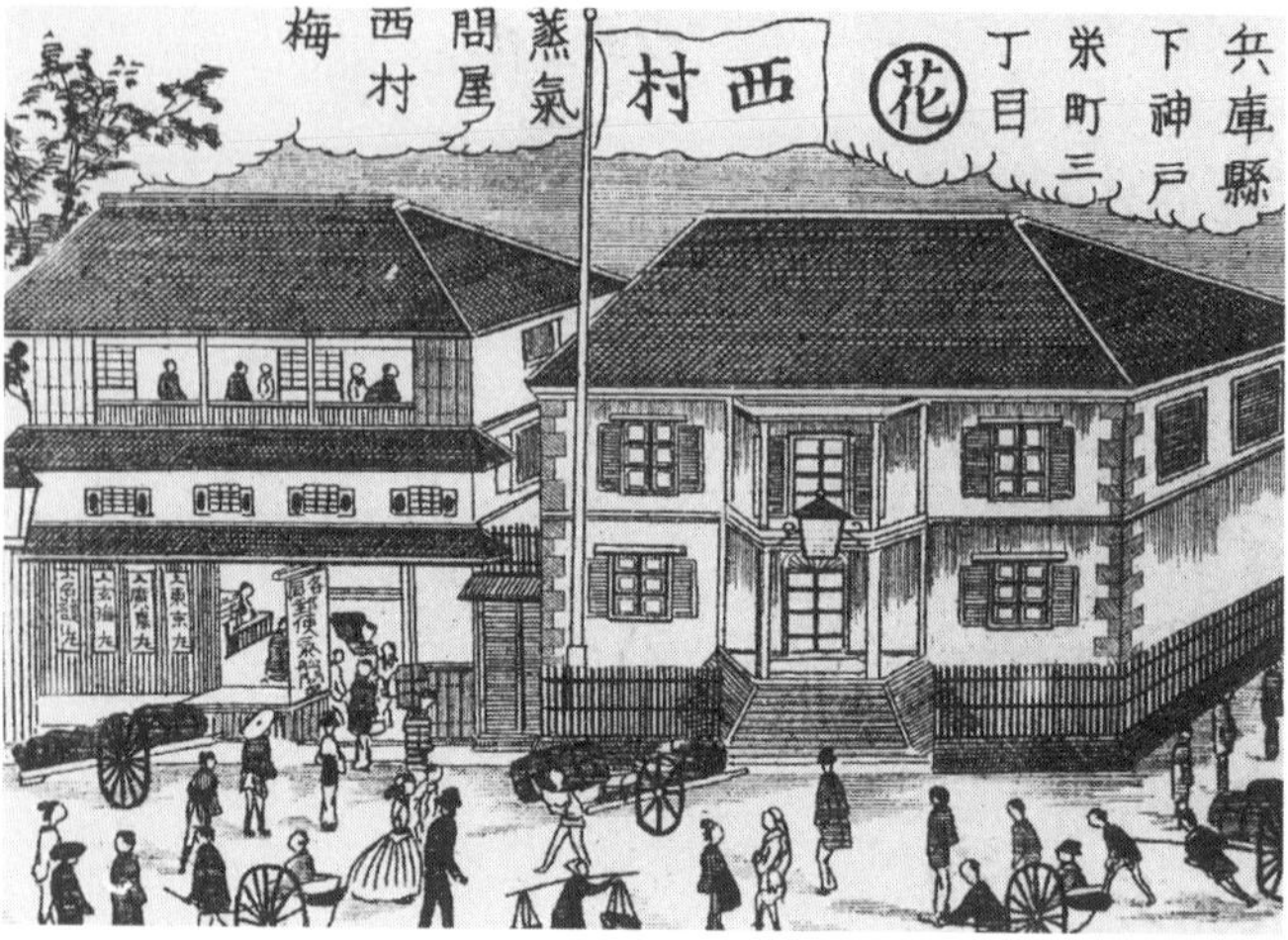

頭山満と金玉均が会談した西村旅館（銅版画，西村庸蔵）

洋社関係の人物の名前は見当たらない。金も名もない若者たちにとって、西村旅館は縁のない高級旅館だったのだろう。

一方、一八八二年以降、宿泊人名簿に、朝鮮の要人が登場し始める。

明治十五年十二月二十七日　閔泳翊

明治十六年七月三十一日　洪英植、徐光範

閔は、国王妃の甥にあたる朝鮮政府の重臣で、壬午の軍乱が収拾されたあと、朝鮮特使とともに来日した帰りだったらしく、日本を離れたのち、絹あてに懇切な礼状をしたためている。洪と徐は朝鮮国内の改革・近代化を目指す開化派の少壮官僚で、米国訪問の一員として渡航する途中だった。

そして一八八二年、朝鮮からもう一人、頭山ら玄洋社の人々と深いかかわりを持つことになる人物が、日本の土を踏んでいる。金玉均（当時三十一歳）である。壬午の軍乱後に条約に基づいて訪れた謝罪の修信使（特使）一行に随行し、徐光範らとともに来日した。東京での滞在地は、芝公園近くの青松寺だった。来島恒喜らが「梁山泊」と呼んでいた自由民権家の根城のすぐ近くだ。金にしても来島にしても、むろん、この時に、自分たちにどのような運命が待ち受けているのか、まだ知るよしもない。

神戸の西村家に伝わる「年譜」には、金や頭山の名前は出てこないが、それは裏づける資料がなかったからにすぎない。事実、西村旅館は、頭山にとって「アジアとの出合い」の重要な舞台となるのである。

甲申政変勃発

「対外問題について研究計画するところありき」。そう言って上京し、東京・芝に腰を据えた来島恒喜は、めまぐるしい動きの中に時代の流れを読み取ろうと懸命だった。同志とともに野菜売りをして自活していた来島は、民権派の論客・中江篤介（兆民）が麹町に開いた仏学塾の門をたたく。中江のもとには、のちに首相となる原敬や、小説家・二葉亭四迷となる長谷川辰之助もしばしば訪ねてきていた。

一八八四（明治十七）年八月、ベトナムへの進出を図るフランスと、反発した清の軍が衝突した。それから四か月後、来島らが口角泡を飛ばして論じ合っているころ、朝鮮半島で再び火が噴く。「甲申政変」である。

清との親善関係を優先する「事大党」から主導権を奪う機会をうかがっていた、近代化を目指す金玉均ら「独立党」は、清がフランスとの戦争に駐韓軍を振り向けた間隙《かんげき》を突いて、クーデターを起こした。

独立党は十二月四日夜、ソウルで開かれた郵政局の落成式を狙った。祝宴会場近くに放火し、混乱に乗じて事大党要人を暗殺する計画だった。だが、混乱が予想外に拡大し、要人を見分けるのさえ難しくなって計画は狂った。金らは、日本公使館に駆け込んだ。出兵依頼を受け、駐韓日本軍部隊が王宮を固めた。金らは、六日、新政権樹立を発表した。

クーデターは成功したかに見えた。だが、王妃の要請で動員された清軍と日本軍が衝突。民衆や朝鮮軍兵士も加わって反日暴動となり、公使館は焼き打ちされた。朝鮮の「明治維新」となる可能性もあったクーデターは、こうして三日間で挫折した。

日本で、甲申政変が報じられたのは、約二週間後のことだった。「読売新聞」は十二月十九日付で、「昨日朝鮮より帰朝ありし方に就いて今度の事件の実況を聞くに……」と政変発生を伝えている。国内世論は清国への反発で沸騰した。

立憲改進党幹部の犬養毅や尾崎行雄らは、政府に実力介入を進言した。福沢諭吉は、清に対する即時開戦を主張した。解党していた旧自由党の板垣退助らは高知で義勇兵を組織し、各地で従軍志願や献金も相次いだ。

この政変に日本側が関与していたことは、秘されていた。強硬論一色に塗りつぶされたのは、「日本は一方的な被害者」が強調されたことも一因と言われる。

政変の約半月前、駐韓公使はクーデター計画を日本政府に伝え、その対応をどうするか問い合わせてきていた。並行して、フランスが台湾割譲を狙っているとの情報が届く。台湾問題を優先した日本政府は、クーデター反対を公使館に回訓した。しかし、政府の指示は、間に合わなかったのだ。

金玉均（葛生玄啴『金玉均』より）

政変後、日本政府は「(出兵は)公使の独断」で押し通した。そして、軍艦や新たな軍部隊を派遣しての交渉で、賠償金支払いなどを朝鮮に認めさせた。

朝鮮政府から追われる身となった金玉均らは、ソウルから仁川に逃れた。クーデター失敗から五日後の十二月十一日、日本船の船底に隠れ、同月十三日、長崎にたどり着いた。計画に加わった独立党四十数人のうち、亡命できたのは、金、朴泳孝、徐光範ら九人だけだった。

神戸の西村旅館の年譜に、宿泊客として名を残す朝鮮要人のうち、王妃の甥・閔泳翊は、クーデター勃発時に独立党側に襲われ、重傷を負った。開化派の少壮官僚・洪英植は、金らと行動をともにし、クーデター鎮圧の騒乱の中で命を落とした。日本に亡命した金や朴らの動静は、「生死知れず」として伏せられていた。

高まる支援気運

朝鮮・開化派のクーデター「甲申政変」は失敗に終わった。

日本に逃れてきた金玉均らは、一八八四（明治十七）年十二月下旬、東京に入った。亡命してきていることは秘された。長崎から神戸、横浜へと潜伏場所を移しながら東上したらしい。

東京に着いた金は、三田の福沢諭吉邸に身を置いた。福沢は二年前に日本視察に訪れた金と親交を結んでおり、以来、朝鮮開化派を支援していた。「よく生きていた」。迎えた福沢は、シャンパンをふるまって金をなぐさめた。

金らの亡命が世に伝えられたのは、翌年の三月に入ったころだ。新聞は連日、改革のために立ち上がった金らを好意的に取り上げ、支援機運が燃え上がった。しかし、朝鮮からの使節に金らの身柄引き渡しを要求された日本政府は、「引き渡すべきではない」とする世論と板挟みになって苦慮する。

来島恒喜や的野半介ら、在京の玄洋社社員は、清の影響を排除した「朝鮮の独立」を手助けすべきとの考えに傾いていた。来島らは義勇軍計画を立て、福岡の頭山に上京を促すことにした。他県の同志も多くが賛同し、「頭山が上京してくれれば」と意気上がった。在京組の年長者・久田全が福岡に戻り、頭山に計画を打ち明けた。

頭山は反対せず、「近々上京して同志と相談しよう」と言った。福岡の玄洋社社員も勇み立ち、頭山に先駆けて数人が東京に向かった。

一八八五年四月、金は関西に移り、神戸を中心に京都や有馬温泉などを転々とした。日本名の偽名を使い、髪形や服も洋装に変えていた。

福沢と関係の深かった神戸の新聞社主筆は次のように書き残している。

「海岸通の西村旅館に止宿、一か月内外で、たくさんな借金をこしらえた。百円の不足をしたから、立て替えてくれと私に頼んできた」

日本人の協力者がなければ、金の雌伏の日々はあり得なかった。

頭山は、在京同志の要請で上京の途中、西村旅館で金と初めて会う。一八八五年の五月から六月にかけてのころと思われる。何事につけ、まず自分の目で見た判断をよりどころとした頭山である。朝鮮の情勢と政変の中心人物を、じかに確かめようとしたのだろう。のちにこう振り返っている。

「話しているうちに彼が非常な才物であるということと、野放図なところもあるが珍しい剛の者であることを見抜いた」

この時、頭山三十歳、金三十四歳。頭山は手持ちの五百円をまるごと金に渡した。伝記などには「持ち合わせの旅金」と書いてあるが、義勇兵計画に充てる資金だったかもしれない。

金との面会後、頭山は福岡に引き返す。資金を調達してから再び東京に向かい、田中屋に宿をとった。待ちかねていた来島らは決起を迫った。しかし、頭山は「見合わせよう」と言った。来島らは意外に思った。他県の同志も加わり、激しい議論となったが、頭山は動かなかった。

このころ、旧自由党左派の大井憲太郎をリーダーとするグループも、朝鮮の開化派支援で動いており、朝鮮に渡り王妃派を倒そうと、大阪で準備を進めていた。頭山は上京の途中、大井らが官憲の監視下にあることを知っていた。

この年十一月、頭山の判断が正しかったことが証明される。旧自由党左派の不穏な動きを察知した警察が大井ら一三九人を一斉に逮捕したのだ。

福沢諭吉の脱亜論

頭山と玄洋社が国内政治からアジアに視野を移し始めたころ、世論に大きな影響を与えていたのが福沢諭吉である。頭山らの「転進」の時代背景を押さえておくため、ここで福沢の主張について簡単に触れておこう。

一八八五（明治十八）年、内閣制度が発足し、封建体制から抜け出して近代国家の体裁が整い始めてきた日本。その近代化は二つの特徴を持っていた。一つは、遅れて資本主義の道を歩み始めたこと。もう一つは、西欧以外の地域で近代化の道を進み始めたことだった。このため、先進諸国に追いつく近代化の「速度」が緊急課題として浮上、日本はアジアに位置しながら、アジアからどんどん離れていくことになる。

この年の三月十六日、福沢は、自らが創刊した日刊紙「時事新報」に、アジア観の集大成である「脱亜論」を載せた。

「我が国は隣国の開明を待って亜細亜を興す猶予なし。西洋の文明国と進退をともにし、支那朝鮮に接するの法も、隣国なるが故にとて特別の会釈に及ばず、西洋人がこれに接するの風に従って処分す可きのみ。我は亜細亜東方の悪友を謝絶するものなり」という主張である。

過激な感じを受けるが、福沢はすでに一八八三年の「時事新報」に「外交論」を発表し、「文明国人とともに弱肉強食の強者の立場に立つ」ことを力説している。また、一八八四年の同紙の「東洋の波蘭」では、たびたび分割の悲運に見舞われたポーランドを引き合いに、中国の将来を第二のポーランドに見立て、西欧と日本に分割された中国の分割予想図を掲載している。「脱亜論」の前日には、フランスのベトナム侵略を機に始まった清仏戦争を受けて、「国交際の主義は修身論に異なり」を書き、「国家はたとえ過誤を犯しても容易に謝罪すべきではない。国家間の交際（外交）は力関係で決まる。一個人の道徳と一国の道徳とを混同すべきでない」と強調した。

露骨な力の論理の前に道理が失われているといっても過言ではない。「福沢は西欧化＝近代化を進めることは西欧列強のように他地域を植民地化していくことを必然とし、日本が文明化を指向する限り、そうした道をたどることは不可欠とみていた」（松永昌三『福沢諭吉と中江兆民』）のである。

こうした福沢のアジア観は、自由民権派のそれとは全く異なっていた。「興亜論」を唱える頭山らの考えとは対極に位置していたと言ってもいいだろう。

日本が「東洋の英国」となる日を夢見る福沢と「英国嫌い」の頭山。取材の中で、この二人に興味深い共通点があるのを知った。ともに金玉均を援助しているのだ。

金は一八八一年、日本視察団員として来日以来、日本と結んで自国の近代化を図ろうと奔走してきた。近代文明の指導者として福沢をことのほか尊敬し、朝鮮の有為の青年を選んで慶應義塾に留学させた。一八八二年の壬午の軍乱のあと、再び来日した際には福沢と面会し、朝鮮改革についてその支持を得ている。金の活動資金を得るために後藤象二郎に相談したのは、『自由党史』では福沢、『頭山満翁正伝』では頭山となっている。

こうして起きた一八八四年の甲申政変であったが、失敗に終わったことは先に触れた通りである。このあと、福沢は政変の筋書きを書いた責任者として家宅捜索を受けている。「甲申事変に失敗し、絶望的な気持ちで書いたのが脱亜論だった」と、九州大学名誉教授・西尾陽太郎は『頭山満翁正伝』の解説で述べている。

亡命してきた金を政府は厄介者扱いし、小笠原や北海道に流す。しかし、頭山、平岡、来島ら玄洋社社員は、金をなぐさめ、最後まで再起への協力を惜しまなかった。

『玄洋社社史』は、頭山と金の盟約について次のように記している。

「神戸に金玉均に会し、大いに東洋前途の風雲を談じ、日韓これも同胞国なり互いに相提携し、相扶翼して覇を唱へざるべからずと互いに相許す百年の友の如し」

小笠原に真っ先に渡航した来島は、一八八九年十月、大隈重信外相に爆弾を投げつけ、条約改正に殉じる。彼はその死を決するに際し、「条約改正問題がなければ、金を助けて朝鮮改革に全力を尽くす考えであった」と述べ、金と盟約した朝鮮独立が達成できず、唯一心残りだと遺言している（『東亜先覚志士記伝』）。

その後、福沢の脱亜論は政府の対外政策の基本方針となり、頭山らの興亜論は「大陸浪人」と呼ばれる人々の仕事になっていく。

一見、正反対の道を進んでいるようで、実は、福沢と頭山の目指す山は同じだったのではないだろうか。福沢も頭山も国会開設に努力したが、天皇の詔勅が出た途端、国権論に向かった。時勢認識は一致していた。ともに国家の独立を目指して、時には政府を監視し、時には援助したのである。

国辱・長崎事件

物語の舞台は朝鮮半島から中国へと進む。その前に、長年中国と日本を結ぶ窓口になっていた長崎を訪ねてみた。玄洋社社員もたびたび足を運んでいた土地である。江戸時代、外に開いた唯一の「窓」だった長崎は、明治になってからも海外と結ぶ拠点都市として発展した。各国の領事館が置かれ、上海に向かう客船も、長崎経由で大陸を目指した。

一八七一（明治四）年には、長崎と中国との間に海底電信線が敷設され、上海－長崎－東京の通信網が直結。壬午の軍乱（一八八二年）、甲申政変（一八八四年）の一報は、長崎から東京に打電された。

中国大陸に向き合う長崎で、頭山らが「国辱」（『玄洋社社史』）と受け止めた事件が起きる。一八八六年八月のことである。

長崎港に世界最新鋭の装甲艦を擁した清国北洋艦隊の艦船四隻が入港していた。軍事力を誇示するためのデモンストレーションだったと言われる。「長崎事件」と呼ばれることになる騒動の発端は、遊女屋で起きた小さなトラブルだった。

入港して十日余りたった八月十三日、五人の清国水兵が寄合町通りの遊女屋「遊楽楼《ゆうらくろう》」にやってきた。「空いている娼妓《しょうぎ》がいない」と待たされている間に、あとから来た別の水兵たちが先に部屋へ通された。怒った五人は手当たり次第に家具を投げ、乱暴を始める。交番から巡査が駆けつけ、騒ぎは収まったかに見えた。だが、水兵たちの怒りの矛先は警察官に向けられ、その夜、水兵の一人が交番の巡査を刀で切りつけ逮捕される。

二日後、騒ぎはさらに大きくなった。仲間の水兵約四五〇人が上陸、警察官と衝突し、市街戦さながらの乱闘を演じたのだ。警察側が死者二人、重軽傷二十九人、清国水兵側が死者八人、重軽傷四十二人を出す惨事となった。

「『相手にするな』と言い合っていたそうなんですが……」

長崎歴史文化協会理事長の越中哲也は、水兵たちに手を焼いた様子を伝え聞いているという。越中は「でもね」と続けて言う。「長崎の市民は、中国人に対しては、もともと尊敬の念を持っていたんです」。

長崎には当時、江戸時代から住み着いた数百人の中国人が、街の風景に溶け込んで暮らしていた。日本人を妻に持つ長崎駐在の清国官吏もいた。

遊郭は、現在の長崎市丸山町から寄合町にまたがる所にあった。道筋は当時とさほど変わってはいない。交番は今も、明治のころと同じ所にある。遊楽楼があった所からすぐ近くには、幕末の志士・坂本竜馬らが出入りした「花月楼《かげつろう》」が、料亭「花月」となって続いている。

長崎事件は、偶発的な出来事だった。だが、波紋は大きかった。清国との国交断絶のうわさが飛び、熊本鎮台司令官は、長崎への軍出動を準備した。『玄洋社社史』は、「この事件で国民の清国に対する敵対心が頂点に達した」と記している。

幻の語学学校・善隣館

朝鮮半島や清国の情勢をにらみながら、玄洋社は様々な人材育成計画を練る。いくつか紹介しておこう。

来島らが「梁山泊」を構えていたあたりから南へ約二キロ。東京・三田の慶應義塾大学の近くに「龍源寺」という臨済宗寺院がある。江戸時代に隣接地区の麻布から移設され、明治のころまでは「麻布龍源寺」の呼び名で通っていた。

「大分の中津藩とゆかりがあったせいでしょうか。福沢諭吉とも深い関係があったんです」。前住職の松原泰道が由緒を語ってくれた。中津藩との関係は、藩主が庵を建てたことから始まったという。福沢が慶應義塾を創立する前の中津藩士時代、この寺に下宿し、藩の子弟に英学を教えていた。

慶應義塾の前身とも言うべき龍源寺が、明治十年代後半の一時期、玄洋社ともかかわりがあったことは、あまり知られていない。義勇軍計画を断念した玄洋社グループには、朝鮮の釜山に、日本、朝鮮、中国の三か国の語学を教える学校を作ろうという計画が新たに持ち上がる。その計画を練った場所が、龍源寺だったのである。

語学学校計画は、急進化する自由民権派の動きを警戒する政府の監視をかいくぐり、隠密裏に進んだ。来島、的野ら玄洋社社員のほか、熊本の前田下学、新潟の赤沢常容ら同志が参加。「秘密の相談所」とした龍源寺に集まった。亡命中の金玉均も加わった。頭山の伝記は、「(監視の)車をまいて、こっそり秘密会に顔を見せた」と記している。

学校の名称は「善隣館」と決まる。当時、東京・麴町で仏学塾を主宰していた中江篤介が設立趣意書を書いたと言われている。朝鮮や中国との連携や改革支援に志を持つ若者を集め、人材を育成しようというもくろみで、赤沢が二千円、前田が二、三千円……と資金調達の分担も具体化した。頭山もその役割を引き受け、今で言えば五、六千万から一億円ぐらいを集める計画だった。

大井グループから、善隣館資金を朝鮮でのクーデター計画に回してほしいと依頼されたことがあった。しかし、玄洋社側は「趣旨が違う」とはねつけたという。

順調に見えた計画は、資金のめどが立った矢先に挫折する。大井グループの一斉摘発の余波で在野活動家への取り締まりが強化され、玄洋社も身動きが取れなくなったのだ。

善隣館計画は、歴史の表舞台に登場することなく、幻に終わった。龍源寺にも、玄洋社の若者たちが出入りした話は伝わっていない。しかし、アジア全体を見渡し、人材を育てようという試みは、善隣館計画に先駆けて、中国・上海でも始まっていた。

東洋学館の設立

一八八四（明治十七）年の夏、中国・上海の租界に、玄洋社の平岡浩太郎、朝野新聞主筆の末広重恭《すえひろしげやす》（鉄腸《てっちょう》）、自由民権の思想家・中江篤介ら七人の姿があった。上海乍浦路一二三号館に、平岡らが「東洋学館」を立ち上げたのは、この年の八月七日。中国人、イギリス人、日本人の教師が一人ずつ、学生数十人の小さな語学学校だった。

立ち上げから一週間後の八月十四日付の「朝野新聞」は、設立趣意書を掲載した。長文の趣意書は、欧米文明にさらされる中で日本が独立を維持していくには、アジアに目を向けた外交が大切だと説き、特に中国との緊密な連携を強調。そのうえで学館設立の意図を、「有為の人士を養成し、東洋の衰運を挽回せんとするなり」と記している。筆者がだれであったかは不明だが、そこには、学館設立に深くかかわった玄洋社をはじめとした在野有志の時代認識と使命感が明確に示されている。

「アジアの中の日本」を意識した玄洋社の活動は、一八八二年の壬午の軍乱をきっかけに開始され、平岡らの義勇軍派遣計画が中止された直後、中江、末広らから玄洋社に大陸での活動計画が持ち込まれたのだった。頭山らはこぞって賛同、連携していくことを申し合わせた。

話し合いの結果、玄洋社から九十人余、熊本の民権結社から約六十人が参加して「活動党」を結成。「中国に人材育成の場を」とのかけ声のもとで起こした行動の第一歩が、東洋学館設立だった。東京に事務所を構え、学生を募った。旧幕臣の勝海舟も資金援助をしている。

学館の館長には、末広が就いた。末広は自ら筆をとり、「朝野新聞」(一八八四年十月十五日付)で教育方針を明らかにした。

「学者を送り出さんとするにあらず。中国語、英語を教授し、東洋貿易に明るい実業家を養育し、国家に利益せんと欲するにあり」

学館は同年十一月、虹口崑山路八号館に移転する。レンガ造り二階建ての校舎は、一階が教室と食堂、二階は寄宿舎に充てられていた。

「清国では、東洋とは日本のことを意味する。清国人の気分を害してはいけない」と気遣う末広は、校名を「興亜学館」に、さらに「亜細亜学館」へと改称した。

『東亜先覚志士記伝』に、上海滞在中の平岡と中江の掛け合いの場面が登場する。

「清国政府は腐敗の極にある」

平岡がこう言って革命による変革の必要性を強調すると、中江が、中国にも同憂の人材がいる、と応じて言う。

「英雄の士ひとたび起《た》てば、天下響くのごとく応ずるのが中国人の本色」

学生の中には、若手玄洋社社員もいた。詩を吟じ、天下国家を論じた。しかし、高揚した気分だけが先行し、落ち着いて勉強する雰囲気ではなかったらしい。学費未納も多く、経営は急速に悪化した。末広は、学問をするどころではないと、経営から手を引き、学館は設立から約一年で閉鎖に追い込まれた。設立に携わった人々も集った学生も、ともにまだ若く、未熟だったと言うしかないだろう。

だが無形の遺産を残す。のちに頭山の盟友らが上海に設立する人材養成機関、すなわち、荒尾精の「日清貿易研究所」、根津一の「東亜同文書院」の先駆けとなり、そして、学館に出入りしていた中国人を通じて中国の革命にも影響を与えることになるのである。

岸田吟香の楽善堂

東洋学館が設立されたころ、同じ上海の租界で名を成していた人物について、ここで触れておきたい。幕末から明治にかけ、事業家、新聞記者として活躍した岸田吟香である。

岸田吟香肖像（森下立昭蔵，岡山県立博物館提供）

一八七八（明治十一）年、岸田は上海に薬店「楽善堂」を開いた。平岡らが学館設立のために上海に渡る五年前のことだ。東洋学館設立時に、平岡らと岸田の間に接点があったかどうかは記録に残っていない。しかし、明治二十年代以降、若手の玄洋社社員や、のちに頭山の同志となる人々が、楽善堂を足場に、岸田の後ろ盾を得ながら中国との関係を深めていくことになる。

岸田は、江戸時代末の一八三三（天保四）年、現在の岡山県旭町に生まれた。酒造業を営んでいたという生家は、今はない。古里でも長い間忘れられた存在で、四年前に町に記念館ができたばかりだ。

町の教育長・加原奎吾は言う。

「ちょっと前までは町内でも意外に知られていませんで。今風に言うと、マルチ人間ということになりますか。活躍した分野があまりに多岐にわたっていて、我々の理解を超えていたからかもしれません」

十七歳の時に江戸に出た岸田は、漢学を修め、水戸藩邸などで講義した。教え子の中には、明治の元勲となる長州藩の木戸孝允らがいた。安政の大獄に巻き込まれ逃亡生活を送り、「銀次」と名乗って遊郭の客引きをしていたこともある。このころ「銀公」と呼ばれていたのをもじったのが「吟香」の由来だという。

岸田の転機は、米国人医師ヘボンとの出会いに始まる。幕末、横浜で眼病の治療を受けた岸田は、ヘボン式ローマ字を考案した語学学者でもあるこの医師に英語を学ぶ。以後、中国と日本をまたにかけ、様々な局面で先駆者となる。活字印刷で和英辞書を出版するかたわら、横浜で邦字新聞を発刊。ヘボンに伝授された目薬を「精錡水《せいきすい》」と名づけて販売する。これが当たり、中国でも売り出した。その拠点になったのが、楽善堂だ。上海だけでなく、内陸部まで行商に回る「吟香先生」は、中国全土に知れ渡った。

楽善堂は書籍販売も手がけた。岸田が考案した方法による図書出版は、中国青年に熱狂的な歓迎を受ける。当時、中国では、官吏登用試験・科挙が行われていた。受験生が持ち歩く本は、木版印刷でかさばり、携帯に不便だった。そこに目をつけた岸田は、細字の銅版を使って印刷した。楽善堂発行の「小型の本」は、中国各地で大評判になった。

岸田は中国と日本を行き来しながら、日本の新聞にも健筆を振るい、わかりやすい記事を書く雑報記者として人気を博した。明治政府の首脳となっていた木戸らは、政府に取り込もうとする。だが岸田は、一貫して民間の立場を離れなかった。結婚して、七男七女をもうけた。四男は、「麗子像」で知られる洋画家・岸田劉生である。

一九〇五年に七十二歳で死去するまで、激動の時代を岸田吟香は自在に駆け抜けた。

後半生を上海を中心に活動した岸田は、「大魚は小池に遊ばず」が口癖だったという。それは、小さな枠にとらわれず広く世界に向かって雄飛せよ、という後輩たちへの激励でもあったのだろう。接した玄洋社の若者らも奮い立ったに違いない。

荒尾精の日清貿易研究所

「日清貿易研究所」は、一八九〇（明治二十三）年九月、中国・上海の英国租界の一角に開設された。所長は荒尾精。頭山が「五百年に一度は、天が偉人を世に下すという。彼はその人ではあるまいか」と絶賛した人物だ。

荒尾は、「西欧に対抗するには、日中両国が提携し、力をつけなければならない。まずは貿易を盛んにすることだ」と陸軍をやめて、研究所創設のため、資金集めに奔走した。頭山は支援を惜しまず、創設された研究所では、山崎羔三郎、島田経一ら玄洋社の若者たちが学んだ。

荒尾が最初に中国へ渡ったのは、一八八六年四月。当時は陸軍中尉で、大陸の「実地踏査」を買って出た。荒尾について、歴史作家の杉田幸三は、「元軍人ということもあって戦後は取り上げられることがなくなった。三十八歳で亡くなり、書き残したものも少ない。出身地の愛知県にも史跡や史料は見当たらない。なぞに包まれた部分の多い人」と話す。

唯一の伝記である『巨人荒尾精』によると、荒尾は尾張藩士の子で、一家は一八七一年に上京して荒物屋を始めるが、失敗して離散し、薩摩藩出身の警察幹部の家に引き取られ、書生生活を送った。家に出入りする薩摩出身の陸海軍将校たちが西欧列強の圧力を受けるアジアについて語り合うのを聞いて、「将来、中国に渡ってアジアの諸民族のため力を尽くそう」と希望し、軍人の道を選んだという。

古ぼけた背広姿で上海の波止場に降り立ち、真っ先に向かったのが楽善堂だった。店の主人・岸田吟香と意気投合した荒尾は、中国服に着替え、長江を上り、漢口（現・武漢）河岸に家を借り、「漢口楽善堂」の看板を掲げる。

頭山の伝記によると、荒尾は上海に渡る前、福岡の頭山宅を訪ねている。船が出ていた長崎に向かう途中に立ち寄ったのだろう。当時の頭山の自宅は、「御所ヶ谷」と呼ばれる丘陵地にあり、庭先から博多湾が見えた。頭山は荒尾の堂々とした姿を一目見て、「国事をともにしたいとの念願が電光のように心を打った」という。二人は時間を忘れ、深夜まで語り合った。

「ポツリポツリと話し始めると糸を引き出すように尽きない。それからそれへと理路整然と話が展開していく。たぐいなき能弁家だった」と頭山は述懐している。

一方、荒尾は、「世間ではただ大胆な勇者と見ているようだが、大した智者なのだ」と頭山を評している。

肝胆相照らした二人は、これ以後、親類同様の付き合いをするようになった。荒尾は頭山より四歳下ながら、「金策をするから」と言って、東京・新橋の待合茶屋「浜の家」に流連《いつづ》けしていた頭山を心配し、茶屋から出るよう勧めたこともある。

荒尾精（日本近代史研究会編『図説国民の歴史』より）

漢口楽善堂には、壮士風の若者たちが続々と集まった。荒尾は彼らと話し合い、「目的は世界人類のため、中国を改造することだ」と根本方針を決定した。この方針が日清貿易研究所の設置につながった。のちには中国研究の拠点になる「東亜同文書院」に発展したが、荒尾は一八九六年九月、現地調査に訪れた台湾でペストにかかり、「ああ東洋が、東洋が」と叫びながら息を引き取ったという。

頭山は、「長命だったら、歴代内閣中、最も強固な内閣を組織しただろう。大西郷以来の大人傑だった」と、その早すぎる死を嘆いた。

平岡、若者を支援

平岡浩太郎は一八八七（明治二十）年、再び中国に渡った。上海に設立した学校「東洋学館」はすでに閉鎖されていたが、「日中両国の富強化を図るため、若者を育てたい」という夢を持ち続けていた。
同じ思いを抱く荒尾精の漢口楽善堂に弟の常次郎らを送り込み、上海の日清貿易研究所にも十数人を派遣した。平岡はさらに留学費捻出のため、上海に製靴店を開き、玄洋社社員の友枝英三郎を主任に据え、寄宿舎もつくった。平岡は、荒尾が日清貿易研究所を設立する際にも、学生、職員の募集や、研究所設立に対して与えられる補助金獲得の支援を行っている。また、上海の製靴店を日清貿易研究所と合併し、製靴店で働きながら学ぶ青年たちを、そのまま研究所に入れた。

炭鉱経営などで活動資金づくりをしていた平岡は、郷土の若者たちへの支援にも心を配り、広田弘毅、中野正剛らの勉学費用を出している。

話は少し脇道にそれるが、鳥飼八幡宮（福岡市中央区今川二）の境内にある柔道場「振武館」も、平岡の資金援助で建てられたものだ。寄付を頼みに行ったのが、旧制修猷館中学で学んでいた中野だった。

平岡は自宅を訪れた中野に夕食をもてなして、人生論、時局論を語り合って時を過ごし、「もう遅くなったので泊まっていきなさい」と勧めた。一学生にすぎない自分を一人前の人物として扱ってもらった中野は、体が沈み込むような羽根布団の中で感激をかみしめたという。のちにこの夜のことが「生涯、忘れられない思い出だ」と語っている。

九州日報社の取締役を務めた岸本辰三郎の孫・岸本豊は、「私の祖父は、平岡に『学校に行かしちゃんない』と頼み、慶應義塾の学費を出してもらったそうです。当時の玄洋社の人たちは皆、身内のような付き合いをしていたんですね」と話す。

日清戦争が勃発した一八九四年、平岡は衆院議員になり、新たな道を歩み始める。四十三歳の時のことだ。

「国会議員の中には、大陸についての定見、抱負を持っている者が一人もいない。あなたのような先覚者が議員になってくれぬ限り、国家の前途は心細い」

平岡は、参謀次長の川上操六からそう説得されて、九月の総選挙で地元福岡から立候補、当選した。

この年、朝鮮半島をめぐってくすぶっていた日清の緊張が一気に高まった。三月、頭山らが保護してきた朝鮮・開化派の志士・金玉均が上海の租界で暗殺され、清の謀略説がささやかれたからだ。五月には、朝鮮半島で「東学党の乱」が広がり、清が出兵、日本は八月一日、ついに清に宣戦を布告した。

十月、大本営の置かれた広島で臨時議会が開かれた。議会の会期中、広島・宇品港から、平岡の製靴店や日清貿易研究所に集った多くの青年たちが、中国語通訳として出発することになった。平岡は彼らを招いて、心のこもった送別会を開いた。参加した数十人の中には最後の別れになった若者もいた。

三崎烈士

「忠臣蔵」で知られる赤穂浪士が眠る東京・高輪（東京都港区）の泉岳寺の一角に「殉節三烈士」と書かれた石碑がひっそりと立っている。仲良く並んだ三つの石碑には、「捨生取義之碑《せいをすてぎをとるのひ》」の文字が刻まれ、三人の若者を顕彰している。福岡県人の山崎羔三郎、鐘崎三郎と鹿児島県人の藤崎秀である。

三人は、日清戦争が始まって間もない一八九四（明治二十七）年十月、平岡浩太郎が開いた送別会に出席後、広島・宇品港から出征した。いずれも日清貿易研究所の研究生で、中国語通訳官としての従軍だった。

山崎は、玄洋社の「四天王」、「青年三傑」の一人と言われた人物。平岡の援助で、一八八八年に中国に渡り、まず荒尾の漢口楽善堂に入った。大陸の地理、風俗を調べるため、弁髪姿で中国十八省のほとんどを踏査。はだしで歩き通し、足の裏は牛のひづめのように硬くなっていたというつわものだった。鐘崎、藤崎は、荒尾を慕って日清貿易研究所で学んだ。

三人は出征直後、秘密偵察を命じられた。遼東半島の攻略を目指す日本軍に先行し、敵地に

泉岳寺の三崎烈士の碑

潜入したが、清国兵に捕らえられてしまう。遼東半島の大連に近い金州の獄では、厳しい拷問が待っていた。山崎は、「我は大日本帝国臣民、福岡県士族山崎羔三郎なり」と堂々と名乗り、「速やかに我が頭を斬れ、我なんぞ死を恐れんや」と叫んだ。平然とした態度に、獄吏も舌を巻いた。

　処刑の日、清の法に従い、西南に向かって清国皇帝を拝するよう命じられたのに対し、山崎は「何ぞ蛮王を拝せんや」と東方に向かって頑として動かなかった。獄吏は怒り、山崎の頭を刀で乱打した。山崎は血まみれになりながら、「我死すとも魂は祖国に帰る」という最後の言葉を残し、首をはねられた。山崎は三十歳、運命をともにした鐘崎、藤崎は二十五歳、二十二歳だった。

三人の碑は当初、日清貿易研究所の出身者たちが金州城外の海沿いの丘陵地に建てた。しかし、下関での講和会議後、ロシア、ドイツ、フランスの三国干渉で、遼東半島を中国に返還することになったため、守備隊が撤退する際に日本に持ち帰り、泉岳寺に移した。世論は国権主義的傾向を強めていた。国民は山崎らの「崎」を取って「三崎烈士」と呼んでたたえ、三国干渉が起きると、「戦争に勝って外交に負けた」と政府の姿勢に憤った。

日本ファシズム研究家の北九州市立大学名誉教授・安部博純は、「国を強くするには国民を強くしないといけない。国権論と民権論は補完関係にあり、どちらに重きを置くかが問題だったにすぎない。しかし時代が進むにつれて、国権派は国家の繁栄を最終目的にし、個人の権利は抑えても構わないという国家主義、ファシズムへと向かった。一方、民権派は社会主義、無政府主義へ向かった」と言う。

この近代日本の歴史の分かれ目のところに玄洋社があり、頭山満がいた。頭山は在野にあり、平岡は国会にいた。

民権結社として出発した玄洋社は、この明治二十年代後半から、同志的なつながりを保ちつつも、それぞれがおのれの信ずる道を突き進んでいく。

満州義軍

一九〇四（明治三十七）年二月、日露戦争が勃発した。玄洋社の若者たちは、満州（現・中国東北部）で正規軍の支援活動ができないかと模索した。

「どういうことでもよい、人の出来ぬことをやらせて下さい、火の柱にでも上りますから」。玄洋社社員で九州日報記者の安永東之助が上京し、頭山に訴えた。頭山は参謀次長・福島安正を紹介した。安永は福島から出身校を聞かれ、「どういう学校も出ていないが、『貴様は死にきるか』という言葉に対して即答するだけは卒業しています」と応じた。固い決意を込めた言葉が福島を動かした。

参謀本部のお墨付きをもらって編成された部隊は、「満州義軍」と名づけられた。計十六人からなる部隊は、この年五月、門司港から出発した。玄洋社からは安永、柴田麟次郎、萱野長知《かやのながとも》、福島熊次郎、小野鴻之助、福住克己、真藤慎太郎の七人が参加した。陸軍からは指揮官の少佐・花田仲之助以下八人、それに中国語通訳一人が加わった。

玄洋社社員の従軍名目は通訳だったが、だれ一人、中国語を話す者はなかった。現地でさらに志願者が加わった。玄洋社からも吉田庾《こくら》、河村武道らが続いた。ゲリラ活動や偵察などの任

満州義軍（玄洋社記念館蔵）

務に就き、義軍は一時一二〇〇人を超えた。

福島安正は一八九二年二月から翌年六月にかけ、ドイツ駐在武官として勤務したベルリンからウラジオストクまで約一万四〇〇〇キロを踏破したことで知られる。「シベリア単騎横断」として世界を驚かせる出来事だった。横断の目的は軍事情報の収集で、日清戦争に際し「ロシアの軍事介入の可能性はない」との福島の判断が決め手になり、日本は開戦に踏み切ったと言われる。

花田もウラジオストクで僧侶に姿を変え、諜報活動をしたことがあった。こんな経験をした二人だから、「強国ロシアに敗れると、日本は滅亡する」という玄洋社社員らの思いをしっかりと受け止めたのだろう。

日露戦争で、日本は戦闘では圧勝したが、軍費、兵力は限界に達していた。しかしロシアは大兵力の補充が可能だった。このため、米国ポーツマスで一九〇五年八月十日から始まった講和会議で、日本は交渉を有利に進めることができず、二十九日、軍事費賠償金要求を撤回するなど譲歩した。ロシアの全権ウィッテは「日本は全部譲歩した」と叫んだという。この経過に「大阪朝日新聞」は九月一日、「天皇陛下に和議の破棄を命じたまわんことを請い奉る」という激烈な論文を掲載した。

日露講和条約（ポーツマス条約）が調印された九月五日、講和反対の全国集会が日比谷公園で開かれることになった。主催したのは講和問題同志連合会。頭山と河野広中らが結成した。集会には三万人が集まり、警視庁は公園の入り口を丸太で閉鎖した。怒った群衆が、外務省、内務大臣官邸、警察署、講和賛成の論陣を張っていた国民新聞社などを襲撃した。「日比谷焼き打ち事件」と言われる。

満州義軍は講和後の十月に解散した。花田は、「実戦を演習のごとくといいますが、なかなかそんな訳には行かぬものです。ところがあの人たちは全く演習のごとくやります」と頭山に語ったという。戦死者はいなかったが、解散後も大陸に残った安永は、清国兵に狙撃され、命を落とした。

真っ赤に染められた義軍の旗、整列した部隊の写真が玄洋社記念館に所蔵されている。熱い使命感が伝わってくる。

友ら逝く

日露戦争の前後、民権派の理論家・中江兆民、紫溟会の佐々友房、玄洋社の初代社長・平岡浩太郎と、頭山が心を許し合った人たちが、次々に世を去る。

中江は一九〇一（明治三十四）年四月、食道がんで余命一年半と告げられ、生前の遺稿として『一年有半』をつづり始めた。見舞いのため頭山は大阪に出かけた。中江は訪問を喜んだが、すでに声を失っていた。中江は「伊藤、山県だめ。後のこと気遣われる」と石盤に書き、国の将来を憂えたという。『一年有半』でも、「死し去ること一日早ければ、一日国家の益となるべし」と、伊藤博文、山県有朋らを痛烈に批判している。この年十二月、死去。五十四歳だった。

「正直で綿密で、優しい気持ちの男だった」と頭山はしのんだ。

衆院議員になっていた佐々は一九〇六年九月、五十二歳で、平岡は同年十月、五十五歳で亡くなった。

佐々は条約改正反対運動などで頭山と行動をともにすることが多かった。孫で、元内閣安全保障室長の佐々淳行は、「二人が組んで、孫文を助けたこともあります」と話す。九州大学教授だった淳行の父・弘雄は一九二八（昭和三）年、左翼系教授として大学を追われた。淳行は

「弘雄をマークした特高は『佐々弘雄はリンゴである。表面は赤いが中は真っ白。本質は愛国者である』と報告書に書いている。うちは、祖父から私まで三代、ナショナリストだ」と言う。

淳行は少年時代、晩年の頭山に会っている。一九四二年、西南戦争の時に友房が川を渡してくれた渡し守に贈った部隊旗が佐々家に返ってきた。その時、立会人を務めたのが頭山で、淳行は「小柄で枯れた印象だった」と振り返り、「国を思う気持ちに燃える政治壮士の指導者というイメージを持っている」と頭山について話した。

玄洋社の前身・向陽社以来の頭山の盟友だった平岡は、国会議員となったあと、大隈重信と板垣退助を中心とした初めての政党内閣「隈板内閣」の成立（一八九八年）に尽力した。この時、平岡は閣僚のいすを固辞。新聞記者の質問に扇子をぱらりと開き、肩をそびやかして、こう答えた。

「内閣をこの扇子にたとえるなら、右の親骨が大隈、左が板垣、各大臣は間の小骨。支持する党員は骨と骨の間の紙。おれは、この扇の一番大事なかなめだ。かなめがなければ扇は壊れる」

死去後、頭山は「負けじ魂の一徹に、若い時から会合の席上などで軽蔑でもされた模様が見えると、例の肩をそびやかにして『知らず天下の士たることを』と空うそぶくのを常としていた」と平岡を評している。

時代は新しい局面を迎えていた。中国では、革命の機運が高まりつつあった。頭山は、孫文との関係を深めていく。

孫文の日本亡命

頭山は一八九七（明治三十）年、中国革命を目指す孫文と初めて会った。会談場所は伝わっていないが、心を通わせ、深い付き合いになるという予感を持ったに違いない。

孫文（上海孫中山故居紀念館編『孫中山』より）

頭山はのちにこう語っている。

「救国愛民の革命の志は熱烈なものであった。かれは天下の財を集めて、これを天下に散ずるすぐれた能力のある人物であった。自分は四百余州（中国の意味）を統治しうる英雄と信じた」（葦津珍彦著『大アジア主義と頭山満』）

頭山は四十二歳。十一歳年下の孫文

は最初の蜂起に失敗し、日本に亡命中だった。

二人を結びつけたのは、熊本県荒尾市出身の宮崎滔天《とうてん》（本名・虎蔵、通称・寅蔵）という男だった。滔天は、中国の革命は欧米列強の植民地になっているアジアの解放につながるという孫文の思想に傾倒し、熱烈な支援者になっていた。頭山を中心に平岡浩太郎、末永節《みさお》、萱野長知ら玄洋社の人々と、政治家・犬養毅も孫文支援の輪に加わっていく。

孫文の東京での住まいは犬養が斡旋した。早稲田鶴巻町（現・新宿区早稲田鶴巻町）に見つけた広大な借家（敷地約二〇〇〇平方メートル）の費用、生活費は、頭山を通じて平岡が提供した。

革命成功までの道のりは長かった。一九〇〇年、「恵州挙兵」が失敗し、加わっていた日本人同志が戦死、挫折感に打ちのめされた滔天は、翌年、浪花節の桃中軒雲右衛門の弟子になる。桃中軒牛右衛門を名乗った滔天に対し、頭山は「人がやかましく言うだろう。彼らの止めるの

宮崎滔天（『國父革命史畫』修訂再版，國立國父紀念館刊より）

も賛成、君がきかずにやるのも賛成」と言い、幟《のぼり》幕を贈る心遣いを見せた。福岡公演では玄洋社社員らが応援し、大好評だったという。

滔天は、人生を振り返った著書『三十三年の夢』で、困った時、頭山が金を用立ててくれたり励ましてくれたりしたことを記している。頭山は「雲翁」と呼ばれ、表立って動くことは少なくなっていたが、滔天は一番頼りにしていたようだ。

滔天の生家は荒尾市のJR荒尾駅から鹿児島線沿いに南に歩いて約十分の所に修復保存されている。孫文は一八九七年、この家を訪れ、十日ほど滞在した。庭に面した部屋には、孫文と滔天が筆談を交わしている場面が人形で再現され、庭には当時のまま、杏《あんず》の木が茂っている。

生家と隣の「宮崎兄弟資料館」運営委員の福島作蔵は、「孫文がアジア人のアジアという『大アジア主義』の考えを深めたのは、頭山の影響が大きかったのでは」と語る。そのうえで、「滔天を深く理解するためにも、頭山と玄洋社のことをもっと知る必要がある」と話す。

清朝を倒す辛亥革命は一九一一年に起きた。挙兵に日本人で最初に駆けつけたのは、玄洋社の末永だった。翌年、中華民国臨時政府が成立し、孫文は臨時大総統に就任する。

頭山の懸念

孫文は栄光に包まれていた。一九一三（大正二）年春、前中華民国臨時大総統として来日し、各地で大歓迎を受けた。滞在期間は二月十三日から三月二十三日まで。訪問先で心を和ませたのは、福岡市の玄洋社と熊本県荒尾市の宮崎滔天の生家だった。

玄洋社を訪れたのは三月十八日。「福岡日日新聞」は、「素朴なる冷畳の上、座布団なく、卓子（テーブル）なく、極めて簡素なる酒茶の饗ありしのみなるが、玄洋社式の飾らず、繕わざる待遇ぶりはかえって孫氏の悦にいりしが如く、勤倹寡黙の孫氏も少なからず微笑を湛えつつ、一同打ちくつろぎて談笑せり」と伝えている。来客に座布団を使わないのは玄洋社の決まりで、国賓の孫文を迎えた時も変えなかった。

三月十九日には、十六年ぶりに滔天の生家に立ち寄り、地元有力者、小学生らの盛大な出迎えを受けた。

孫文は、「記憶に残る風物に接し、喜びに堪えない。宮崎虎蔵君並びにその亡兄弥蔵君と私は深い親交があり、両君は我が国のために大いに尽力された人である。今後、両君と私のような交際を日華両国民が維持することが出来れば、千万年の後までも両国家の提携融和をはかる

福岡市博多区・聖福寺にある平岡浩太郎の墓所を訪ねた孫文（左から３人目，玄洋社記念館蔵）

ことができるだろう」とあいさつした。

弥蔵は、滔天に中国革命の意義を説いていたが、志半ばで早世していた。資金援助をしていた玄洋社の平岡浩太郎も死去しており、孫文は、福岡市の聖福寺の墓に参り、近くの崇福寺の玄洋社墓地も詣でている。

頭山は福岡には同行せず、東京での歓迎会に出席した。席上、北洋軍閥の袁世凱に臨時大総統の地位を譲った孫文のことを心配していたかもしれない。辛亥革命後、犬養毅らとともに中国に渡り、「袁は信用できない」と話していたからだ。しかし、南京の臨時政府の力はまだ弱く、孫文は北京の袁と妥協せざるを得なかった。利権に群がろうとする日本人もいた。

上海にいた国際法学者で、門下から辛亥革命を支援した日本人を輩出した東京帝国大学教授

・寺尾亨は、頭山が中国入りした時のことを、「浪人連が、これまで革命党の志士や一般の中国人に対し横暴なことをしていたのが、『頭山翁来たる』の報により、たちまち小さくなってしまった」と振り返っている。

頭山は「今度の革命は膏薬治療じゃ。本当の切開手術をしないから、また諸処に吹き出物がするよ」と語っていた。その見通しが正しかったことは、孫文の訪日中に判明する。

孫文と頭山

孫文が中国に戻ると、状況は一変していた。来日中の一九一三（大正二）年三月二十日、孫文と並ぶ革命家・宋教仁が、上海で暗殺されたからだ。大総統の袁世凱が刺客を放ったと言われる。

革命派は反袁で結束し、この年七月、孫文を中心に第二革命を計画する。革命派は各地で挙兵したが、武力、資金力に勝る袁の軍に次々と鎮圧されてしまう。孫文は〝お尋ね者〟となり、日本に向かった。しかし、日本政府は袁との関係を深めつつあり、孫文の上陸を認めない方針だった。

「来神せよ船中にて待つ」。萱野長知のもとに電報が飛び込んだ。神戸港に着いた孫文からだった。相談を受けた頭山は「早く行け」と指示し、続けて言った。「こんな時こそ大いに歓迎するのだ。金にきれいな男だから、その裸体で一文も持ってくまい。懐中を聞いてくれ。なんとかして送るから」と。

萱野は東京から神戸に急いだ。孫文の待つ「信濃丸」の周囲では、刑事や新聞記者が見張っていた。孫文を乗せた小舟は夜陰に紛れて信濃丸から離れていった。

問題は政府の出方だった。頭山は首相・山本権兵衛との交渉を犬養毅に依頼し、亡命をしぶしぶ認めさせた。

当時、頭山宅は東京・霊南坂（現・港区赤坂）にあり、隣は海妻猪勇彦《かいづまいさひこ》宅。海妻は、幕末期に福岡・黒田藩で勤皇派志士を育てた国学者・海妻甘蔵の子孫である。その隣には、福岡出身の東京帝国大学教授・寺尾亨の家があった。頭山、海妻、寺尾という福岡出身の三人は、スクラムを組んで、日本政府にとって「招かれざる客」だったアジアの亡命革命家たちを援助する。

孫文には暗殺の危険が迫っており、最初の隠れ家として頭山が選んだのは、海妻宅だった。両家の間は壁を切り抜き、自由に出入りできるよう工夫した。

袁は再三、刺客を送ったが、「玄洋社の豹」と呼ばれていた中村三郎（天風）らが護衛した。滞在費は、玄洋社社員で明治鉱業社長・安川敬一郎が負担した。

孫文は東京で中華革命党を結成し、党総理に就任した。また、宋慶齢と再婚したが、結婚式の出席者は、頭山ら日本人が大半だった。

東京・麻布台の外務省外交史料館には、幕末から太平洋戦争期にかけて締結された条約書や、在外公館との往復電報などをつづった約四万八千冊が保存されている。その一角に、「各国内政関係雑纂　支那の部　革命党関係」の表題をつけた文書がある。外務省と中国政府とのやりとりをまとめた報告書など全部で十九冊。その中に、警察当局が孫文の亡命生活を監視した記録が残っている。

一九一三年八月九日、孫文が神戸に上陸した日から始まり、横浜を経て東京に入った時の様子を次のように記している。

〈八月十六日　孫逸仙入京ニ付　警戒手配〉警部一名、巡査一名（各私服）ヲ横浜港マデ特派シ、一行ヲ随従シテ東京ノ隠家マデ到ラシムルコト……（逸仙は孫文のあざな）

〈八月十八日　孫文来着の件〉孫逸仙ハ自動車ニテ本日午前一時頃赤坂区霊南坂町二十七番地ノ隠家（海妻猪勇彦方）ニ無事到着セリ

〈八月十九日　孫文の動静〉本日午前七時三十分、頭山満来訪、八時退出、間モナク男ヲ案内シ来リ、一旦立チ去リ、又程ナク来訪、孫ト密議ヲ凝ラシ暫時シテ頭山ハ退出……頭山ノ長男ハ欧文電報ヲ持参シテ孫ニ手渡シ……

以後、宋慶齢との結婚、腹痛や歯の治療、上野動物園見学まで、分刻みに追った監視記録は、孫文が第三革命のために帰国する一九一六年四月二十七日まで九九三日間続く。この間、頭山らは官憲と暗殺の危機から孫文を守り抜いた。

第三革命後、中華民国軍政府大元帥に選出された孫文は、頭山への手紙で最大級の感謝を伝えている。

「先生は我が国の改革と東亜の交流事業に対して、三十年来、一貫して努力しておられたのであって、我が国は多大の恩恵をこうむった。今後、懸命に前進して恩に報いることを誓う以外にありません」

頭山が果たした支援の大きさは、孫文側の多くの資料からもうかがえる。そこから見えてくるのは、「多くを語らず、動くべき時に動く」という頭山の姿勢である。

神戸市垂水区には孫文関係の資料を収集・展示する記念館「移情閣《いじょうかく》」がある。明石海峡大橋を仰ぎ見る海辺にある三階建ての楼閣は、孫文を支援した華僑《かきょう》・呉錦堂が別荘として建てた。

貿易都市として発展してきた神戸には、成功した華僑が多く住み、日本での孫文支援の拠点の一つとなっていた。記念館の副館長を務める王柏林は、孫文が組織した中華革命党の神戸大阪支部長だった王敬祥の孫にあたり、「我が家にも、頭山満直筆の封書が、大切な遺品として伝わってます」と言う。

孫文が、辛亥革命を経て、割拠する軍閥勢力に翻弄されながら中国の統一を目指して苦闘していた一九二二年、王敬祥は、書類の束を焼却処分するよう妻に命じて世を去った。革命党の存在は家族にも教えず、ひそかに孫文らの活動を支えていた王敬祥。彼が処分を命じた書類は、革命党の仲間への資金援助を記した証文などだった。家族の一人がその重要性に気づき、遺言通り処分しようとする妻を説得し、大半を救った。

頭山が王敬祥あてに出した封書も、焼却を免れた文書類の中にあった。手紙そのものは失われ、頭山が何を伝えたのかは、確かめるすべがない。だが、封書の存在は、頭山が孫文だけでなく、中国人の革命組織の末端にまでつながっていたことを示す。頭山の封書を含む「王敬祥関係文書」一七六点は、貴重な歴史資料として兵庫県立歴史博物館が引き取った。

孫文研究家で中国近代史に詳しい中村哲夫・神戸学院大学教授は、「頭山は、孫文が心を許した数少ない日本人の一人。孫文は信義を守る人間が好きだった。亡命者をホームステイさせるなど、自分のことを二の次にできた当時の人は心が広かった。孫文と頭山とのつながりをつかみ直し、頭山の持っていた大きさを学ばなければならない」と言う。

革命いまだ成らず

孫文の最後の訪日は、北京で病没する四か月前の一九二四（大正十三）年十一月。日中両国が溝を深めていく中で、アジアの行く末に危機感を募らせていた孫文が、「日本を代表する友人」として会見を望んだ相手は、やはり頭山だった。

頭山は、神戸で孫文と会見した。この会談で頭山は、日本が日露戦争を経て獲得した中国東北部の権益還付の可能性について、「国民の大多数が承知しないだろう」と否定的な見解を示したと言われる。

会談から数日後、孫文は同じ神戸で、有名な「大アジア主義」演説を行った。場所は神戸高等女学校。演題は「大亜細亜問題」。孫文は、「今後日本が西洋覇道の犬となるのか、東洋王道の干城となるのかは、日本国民の慎重に考慮すべきことである」と述べ、アジア諸民族の平等な立場での振興を訴えた。これが日本への遺言となった。

この講演から四か月後、孫文は北京で病に倒れた。頭山は、萱野長知を友人総代として派遣。孫文は神戸での演説の反響を尋ねたあと、「頭山先生は元気ですか」と語りかけたという。

孫文の病状を知らせる萱野の手紙が、福岡市の玄洋社記念館に保存されている。

1924年，神戸オリエンタルホテルで行われた会談時の孫文と頭山満（『頭山満翁写真伝』より）

一九二五年二月十日の報告として、「孫氏は死は天命なりとて平然たるものなれば、この自信、力と勇気にてあるいは病に打ち勝つやも知れず候」と記している。しかし、三月十二日、五十八歳で死去。肝臓がんだった。最後の言葉は「革命いまだ成らず。同志すべからく努力すべし」だった。

孫文の「英霊奉安祭」は一九二九年六月一日、南京・中山陵（中山は孫文の号）で営まれ、参列者の中に頭山の姿もあった。頭山はひつぎを乗せた輿《こし》の綱を引いて石段を登り、墓所の堂内に入った。ひつぎが穴に下ろされる時、妻・宋慶齢のすすり泣きが聞こえたという。

「十周年忌慰霊祭」は一九三五年三月十二日、東京・明治神宮外苑の日本青年会館で行

われた。この模様を撮影したフィルムが頭山家に残っている。「孫中山先生十年祭」のタイトルに続いて、「賛助代表　頭山満」。神事が始まり、紋付き姿の頭山が玉串をささげる。

これに続く、追悼晩餐会を収録した映像が興味深い。会場は上野の精養軒。頭山以下、萱野、末永節、平山周《しゅう》ら、孫文と手を携えてきた同志たちが次々とあいさつに立ち、中華民国公使・蔣作賓が謝辞を述べている。訓示やあいさつが嫌いな頭山が、約二百人の前で話をするのは珍しい光景だった。

1929年６月，孫文の英霊奉安祭で霊柩の輿を引く犬養毅，頭山満ら（『頭山満翁写真伝』より）

「孫先生は、中日両国民が長短相補い、お互い一つの心になって人道を世界に敷かなければならんという信念のもとに努力せられた。中日関係は今、最も切実な時、両国の同志相結んで孫先生の遺志を実現することを切望致します」

豪傑風なイメージとは違っ

て、語り口は穏やかでとつとつとしていた。

頭山の言葉とは裏腹に二年後には、日中戦争が勃発する。両国が平和友好条約を結ぶには、孫の世代までの時間を要した。


「頭山さんはいらっしゃいますか」

一九七八（昭和五十三）年八月八日、中国・北京空港。大きな声が、着陸した日本政府専用機内に響いた。乗り込んできたのは、中日友好協会会長の廖承志だった。機内にいるはずの頭山満の孫・興助《おきすけ》を探していた。

当時、興助は外務大臣・園田直の秘書で、日中平和友好条約調印のため、園田に随行していた。廖は早稲田大学卒。両親は孫文の同志として革命に尽力、両親とともに日本で亡命生活中、頭山家に出入りしていた。

興助の席に駆け寄った廖は、「頭山翁には大変お世話になりました」と手を握り、矢継ぎ早に尋ねた。

「静おばさん（頭山の三女）はお元気ですか」、「萱野（長知）さんのご家族はお元気ですか」。

初対面の興助は面食らいながらも、祖父の大きさを改めて感じていた。

「特命全権大使の園田さんを差し置き、私にあいさつに来る人がいるとは本当に驚きました。

祖父の幅広い人脈と侠気《きょうき》によって、廖さんと私は一瞬のうちに心を許せる友になりました」と、興助は言う。

国益とのはざまでともに信念を貫き、しかもその友情が傷つくことはなかったという頭山と孫文——。中国人歴史学者の趙軍・千葉商科大学助教授は、「歴史上の人物は、政治的立場を中心に考えなければならない。頭山は国権主義者。私は完全に否定する立場」という。その一方で、「人間性は別問題。孫文が信頼を寄せた頭山という人物は、気にかかる存在。今後も継続して考えていきたい」と語る。

二〇〇〇年九月、中国・上海にある孫文の記念館の館長らが、福岡市の玄洋社記念館を訪れた。

「孫文の足跡を改めてたどり、広い視野で再評価する作業に着手したところ。それには、孫文と深い交わりのあった日本人についても研究する必要がある。トゥザン・マン（頭山満）や玄洋社についてもっと詳しく知りたい」と館長は言った。自国の歴史を見つめ直す作業が進む中国でも、孫文研究を通して、頭山らに光を当てる動きが出ている。

ボースの亡命生活

一九一五（大正四）年暮れ、東京・新宿のパン屋にインド人、ラス・ビハリ・ボースが姿を見せた。現在、JR新宿駅東口から東に約一〇〇メートルの、インドカリーで有名な五階建てビル「新宿中村屋」になっている場所だ。

ボースは、英国からのインド独立を目指して立ち上がったが、失敗して日本に逃れてきていた。二十九歳だった。

この年十一月二十七日、日印交歓会が上野で開かれ、英国政府は「反乱を企図している」として、ボースともう一人の独立運動家の国外退去を日本政府に要請した。日本政府はこれを受けて、十二月二日までの退去を命じた。ボースは翌日、頭山を訪ね、支援を求めた。亡命中だった孫文の紹介だった。「よろしい。出来るだけのことはしよう」。頭山はうなずいたが、妙案はなかった。

十二月一日朝、中村屋に常連の男性客が買い物に訪れた。頭山の知人で、「困っている」とボースの退去命令について話し、店主の相馬愛蔵《そうまあいぞう》が「かえって私のようなもののところなら、かくまえるのでは」と言った。この男性客が相馬の言葉を頭山に伝え、その日のうちに救出作戦が立てられることとなった。

霊南坂の頭山宅に、玄洋社の的野半介や内田良平ら二十人近くが集結した。夕方、宮崎滔天がボースを連れてきた。表向きは別れのあいさつ。尾行の警官二人は、門前の車内で安心して待っていた。

夜九時、ボースは頭山のマントを着て、帽子を目深にかぶった。護衛は修猷館出身の柔道家・宮川一貫《みやかわいっかん》だ。台所口から裏木戸を通り、隣の寺尾亨宅を抜けて通りへ。霊南坂を下っていったボースら四人は、杉山茂丸の用意した車に乗り込んだ。

ラス・ビハリ・ボース（中村屋蔵）

四人は間もなく、閉店準備中の中村屋に到着。残っていた買い物客の間をぬって店の奥に消えた。深夜、異変に気づいた警官が頭山宅の周囲を捜したが、裏庭でひっくり返った植木鉢一つを見つけただけだった。

当時、中村屋は木造二階建てで、裏手にアトリエがあり、そこがボースの隠れ家になった。

愛蔵と妻・黒光《こっこう》は一九〇一（明治三十四）年、愛蔵の郷里、信州・穂高から東京に出てきた。東京大学前のパン屋を買い取って開業。新宿に支店を出し、本店を移していた。愛蔵は信州での養蚕研究で成果を上げ、禁酒運動などにも取り組み、仙台出身の黒光は、東京の女学校で学んだ。才気あふれる二人の店には、若い芸術家が出入りし、ロシアの芸術家との交流も深めていた。

ボースは、いったん中村屋のアトリエにかくまわれたが、英国政府の捜索は厳しく、隠れ家を転々とする逃走生活が続いていた。頭山は、「事情が分かり、怪しまれにくい人物がそばにいて、急の場合に備えたがよい」と考え、相馬夫婦に二人の長女・俊子との結婚話を申し入れた。相馬夫妻と俊子は頭山に深い信頼を寄せていたし、インド独立を夢見るボースの人柄にもひかれていたのだろう。この提案を受け入れ、一九一八年七月十日、霊南坂の頭山宅で結婚式が開かれた。

ボース支援で頭山と親しくなった夫婦は、孫の一人を「満」と名づけた。現在、中村屋取締役の四方満で、彼は「祖父母はプラス思考だった。ボースおじちゃんの件も、話を聞いて引き受けてみようという気持ちになったはず」と話す。愛蔵の兄の孫・相馬安兵衛は、「愛蔵じいさんは『大きくなったら、頭山翁のような人間になれ』と言ってました」と振り返る。

ボースは一九二三年七月、日本に帰化し、日本にとどまる覚悟を決めた。すでに二人の子供がいた。しかし、長い逃亡生活がたたったのか、俊子は風邪から肺炎にかかり、一九二五年三月、二十六歳で亡くなった。

俊子の死去後、ボースは日本を拠点にしてインドの独立運動に突き進む。講演に走り回り、日本語の著書『青年亜細亜の勝利』、『印度の叫び』や翻訳書を出版してインドの解放を訴えた。その一方で中村屋の役員としても働いた。店は月餅《げっぺい》、中華まんじゅう、ようかんの缶詰など独創的な菓子を次々と売り出し、ボースの伝えたインドカリーも人気商品となった。

ボースは、アジアで最初にノーベル文学賞を受賞したインドの詩聖タゴールの著書も翻訳した。この縁で頭山は、三度来日したタゴールと親交を結んでいる。

一九三七（昭和十二）年七月、日中戦争が始まり、日本は一九四一年十二月八日、太平洋戦争に突入。翌年五月、ボースの率いる印度独立連盟は、タイのバンコクで大会を開催した。

「日本の精鋭が陸に海に空に、アジアの英帝国主義を破砕し去っていくのを見て、歓声を発しないインド愛国者が一人でもあったろうか」

こう呼びかけたボース。日本への信頼と期待は最高潮だった。しかし、一九四四年二月に喀血し、東京・原宿の自宅二階で闘病生活に入った。翌年一月、五十八歳で死去。インドの独立はそれから二年後の一九四七年だった。

ボースの長女・哲子は、「父はインド独立のために日本軍の力を借りたいという気持ちだったようです。『独立したら、頭山先生をインドに連れていきたい』とよく話していました」と懐かしそうに振り返った。

アジアから世界へ

アフガニスタンにも頭山は手を差し伸べている。

『頭山満翁写真伝』に「プラタップ氏と頭山翁」という題のついた写真が載っている。『東亜先覚志士記伝』によると、プラタップはインド人で、英国支配の祖国からアフガニスタンに亡命。一九二三（大正十二）年、政治顧問として通商条約締結の準備で来日、ボースの紹介で頭山らと会っている。

アフガニスタンは、ロシアが南下の橋頭堡として英国が保護国化していたが、一九一九年に、独立を勝ち取っていた。頭山らは歓迎会を開いて援助を約束し、その後、アフガニスタン国内が統一されると、「わが明治維新の当時を想わしむ」との賀詞を国王に送っている。

また、宮崎滔天は自伝『三十三年の夢』に、米国から独立を図ろうとするフィリピン支援の模様も描いている。

革命のための武器弾薬を満載し、フィリピンに向かった船は、暴風のため沈没するなど、思うようにことは運ばなかった。再起を期し、滔天と末永節が、九州日報社長を務めていた福本日南を独立運動に誘うシーンが『三十三年の夢』に記されている。

「四十を越え、なりわいに筆硯のことに従うといえども、思うにこれその志にあらず。彼をいざのうてこの事に加わらしめ、死後の栄をになわしめては如何」

福本は「それはいい死に場所じゃわい」と快諾し、フィリピンの独立運動が挫折したあと、中国革命にも加わっていく。

昭和に入ると、頭山らはエチオピアにまで関心を寄せ、支援活動を行っている。

アフリカでは、西欧列強による支配を免れ、独立を保っていたエチオピアが、イタリアによって併合されようとしていた。アジア諸国だけでなく、遠くアフリカの情勢にまで目を配る頭山ら二五〇人の有志は、一九三五（昭和十）年六月四日、エチオピア問題懇談会を設立。満場一致で採択した決議文を、「代表頭山満」の名でエチオピア外相ヘルイに打電した。

「危機に直面せるエチオピア政府及び国民に深厚なる同情の誠意を表す（中略）国際正義、国際平和の見地より円満なる問題の解決を望む」

ヘルイからの謝電はその翌日に届いた。

「我が政府の名において、余は感激に堪えざる貴電に対し、衷心より感謝の意を表す」

電報のやりとりはその後も続き、エチオピア政府は九月、日本に特派使節を送り込んだ。

取材を進める過程で、エチオピア支援を証明する古い映画フィルムを録画したビデオテープを、頭山家ゆかりの方からお借りして見ることができた。再生すると、かすれかかったモノクロの映像が映し出された。

「エチオピア国土安泰祈願　記録映画　昭和十年十月二十一日」のタイトルに続き、羽織はかま姿の頭山が万国旗に迎えられ登場する。祭壇にはエチオピア皇帝の肖像写真。そして、「友邦エチオピア国　国難ニアタリ……人道ノタメ率先シテ国土安泰ノ祈願ヲナス」の字幕。このあと、場面は護摩だきの風景に変わる。

撮影者は、東京・奥多摩新四国霊場の開山者として知られ、頭山とも親交があった武田弥兵衛（一九七五年死去）。フィルムは、武田家に保存されていたものだそうだ。

弥兵衛の妻・初子は、「主人は『偉い人にはたくさん会ったが、頭山翁はとにかく堅苦しくない人だった』と言っておりました。戦中、戦後と住まいは転々と変わりましたが、頭山翁を写したこのフィルムや写真、書などの遺品はずっと大切にしてきました」と言う。

フィルムに残る安泰祈願祭は、来日したエチオピア特使を招いて行われた。

映像と符合する記事が、一九三五年十月二十日付の「読売新聞」三多摩版に掲載されている。「エ国々難・安泰祈願　頭山翁、エ国特使らが主催で」の見出しをつけた前触れ記事は、祈願祭は、武田が発起人となり、頭山やボースらが出席して新四国霊場の一角で盛大に開かれる、と伝えている。

この祈願祭の前年の一九三四年には、エチオピア王子アラヤ・アベバと日本女性の結婚話が新聞紙上をにぎわせている。計画したのは頭山の顧問弁護士・角岡知良だった。血盟団事件、五・一五事件、二・二六事件などを手がけた辣腕《らつわん》弁護士である。角岡は、東京と門司市（現・北九州市門司区）の女性二人（二十三歳、二十四歳）を第一、二候補として新聞に公表。エチオピアに調査員を派遣した。この調査員は帰国後、エチオピアの現状を報告するため全国を遊説した。玄洋社社員の間ではエチオピアへの義勇兵派遣計画が持ち上がった。

こうした頭山らの支援にもかかわらず、ムソリーニ政権下のイタリアは、エチオピアに対し近代装備の軍隊による大規模な侵攻を開始し、一九三六年五月、ついに首都アディスアベバが陥落し、イタリアに併合されてしまう。

満州事変以降、軍部の影響力が強まり、イタリア、ドイツに急接近していた日本政府は、「満州国」の承認と引き換えに、イタリアのエチオピア併合を黙認。翌年には、日独伊三国防共協定を締結する。

頭山らの支援は水泡と帰し、玄洋社の義勇軍計画も、国際結婚話も幻となった。

この「記録映画」が撮影された一九三五年、日本は四年前の満州事変をきっかけに国際連盟を脱退、世界は二十世紀二度目の大戦へ向けて流れを加速させていく。

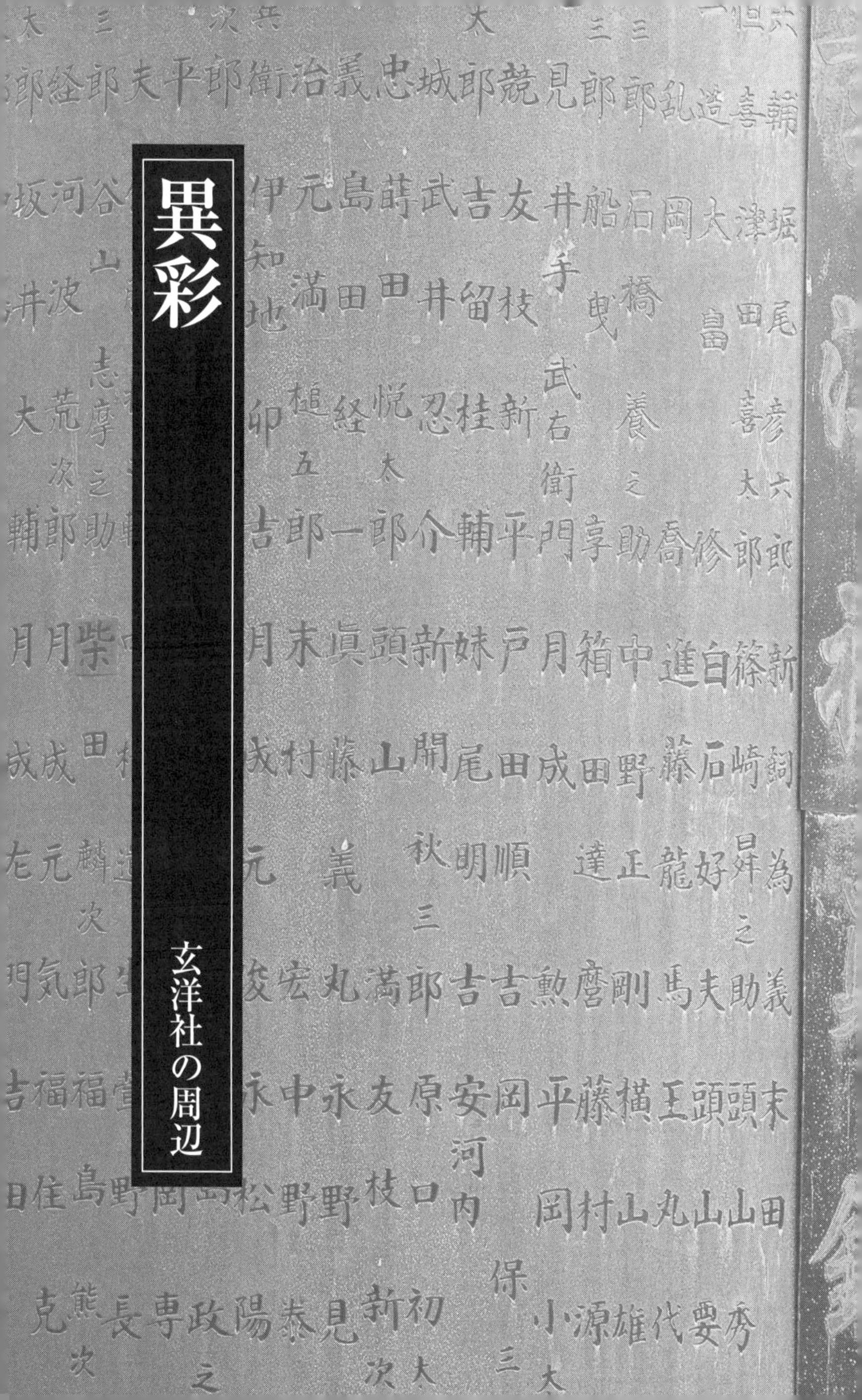

異彩

玄洋社の周辺

生前の頭山満を知る人は、頭山のことをよく「富士山のような人」と言う。その言葉にふさわしく、頭山の率いる玄洋社の裾野は、実に広い。この章では、時代を追って頭山らの足跡をたどることから少し離れ、多士済々の玄洋社周辺のエピソードを紹介してみたい。

筑前琵琶の逸話

東京オリンピック開幕を間近にした一九六四（昭和三十九）年六月、福岡県豊前市で太田良《おおたりよう》という名の女性が、七十六年の生涯を閉じた。

福岡県吉富町生まれの小学校教師・太田は頭山の屋敷に出入りし、孫の世話をしていた一人だ。一九二三（大正十二）年の大震災直後に上京した太田は、両親を亡くした子供が多かった下町の小学校に勤務。学校の物置を改造して住み、生活を切りつめて残った給料を子供たちの

太田良（森永与七郎蔵）

ために使っていた。そんな姿が頭山の目にとまり、交流が始まった。

頭山の支援を受けた太田は、戦時中、中国に渡り、軍隊の慰問、戦没者の慰霊などに尽くした。頭山の没後は郷里に戻り、ひとり暮らしを通した。郷里でも、つましい生活のかたわら、地元の子供会や婦人会の世話に情熱を傾けた。周辺には、その人柄を慕う地元の人々が集った。

そんな太田だったが、生前、自宅二階への立ち入りだけは固く禁じていた。死後、その二階の部屋から数多くの頭山の遺品が見つかった。羽織、懐刀、書、手紙、さらに遺髪、あごひげも。その中に、昭和の初めに録音された十三枚のレコードがあった。傷みが少ない一枚をレコード盤に載せると、琵琶の音色が流れてきた。

この「大先生ノ詩」、「大藤夫人」と表題をつけられたレコードの由来は、長い間、不明だったが、最近になって、太田の尽力で録音された頭山家の私家版レコードであることがわかった。

「琵琶の奏者は、（頭山の）長女、つまり私の伯母にあたる大藤立子です」と、頭山の孫・筒井勝美が教えてくれた。筒井は、レコードをカセットテープに再録した鮮明な琵琶の音曲を聞かせてくれた。

立子の長男・大藤実の自宅には、立子愛用の琵琶も残されている。実は「祖父は筑前琵琶の普及に熱心で、母にも習わせていた。私は子守歌代わりに聞いて育った」と振り返る。

筑前琵琶は明治中期、僧が奏でる楽曲として筑前（福岡）に伝わっていた琵琶に、三味線音楽などを取り入れて創始された。宗家初世の橘旭翁《たちばなきよくおう》は、頭山を頼って上京し、頭山邸で暮らしながら、曲づくりに励んだ。作詩には頭山も加わり、徹夜することも珍しくなかったという。「郷土の芸能を全国に広めてやろうという思いだったのでしょう。頭山翁がいなかったら今の筑前琵琶はない。大恩人です」と、四世・橘旭翁は言う。

初世・旭翁は、頭山らの計らいで御前演奏の機会をつかみ、一躍、その名を知られるようになった。以来、師匠クラスが福岡から上京し、東京で弟子を取った。女優・高峰三枝子の父・高峰筑風《ちくふう》もその一人だった。全盛期には、師匠だけでも六千人はいたという筑前琵琶の人気は、昭和初期まで続く。

筑前琵琶の隆盛の裏には、「郷土の芸能を引き立てる」という目的だけでなく、もう一つの狙いがあったと言われている。一八八七（明治二十）年前後の日本は、西欧文化取り入れを急ぐあまり、極端な欧化政策が進められた。いわゆる鹿鳴館時代である。日本固有の伝統が失われるのを恐れた頭山は、福岡出身の官僚政治家で、憲法起草に参画したことでも知られる金子堅太郎らと協力し、女性の教育手段として筑前琵琶の普及を図ったという。

戦時中に衰退した筑前琵琶は、戦後、一九五一年ごろから復活。現在も、毎年、全国大会が開催されるなど、根強く命脈を保っている。

太田良の葬儀は、死の翌日の二十四日、有志の手によって営まれた。頭山家からも弔電が寄せられ、当時の首相・池田勇人からも花輪が届いた。太田が残した遺品の数々は、太田に師事していた福岡県大平村の森永与七郎、秀子夫婦らによって、大切に保存されている。

窮地の女性に救いの手

東京都世田谷区の元会社社長・井上直明は、戦前、友達に誘われて出入りするようになった東京・目黒の五百羅漢寺《ごひゃくらかんじ》で、頭山と何度か顔を合わせたことがあるという。太平洋戦争が始まった一九四一（昭和十六）年以降のことだから、頭山の最晩年のころ。井上は当時、内閣の事務官をしていた。住職は、若き日に新橋芸者「お鯉《こい》」として名を売り、日露戦争当時の首相・桂太郎の愛人として新聞をにぎわした安藤妙照尼《みょうしょうに》（一九四八年、六十九歳で死去）だった。

十代で芸者になったお鯉の美貌は評判を呼び、その姿を絵はがきに描かれたほどの人気だった。桂とのつながりができてからは、政財界の大物との交流も増え、頭山とも顔見知りになっ

お鯉（五百羅漢寺蔵）

た。井上は妙照尼から、「寺に入る世話をしてくれたのは頭山だった」と聞かされた。

日露戦争の講和条約が結ばれた一九〇五（明治三十八）年九月五日、講和の内容が日本側に不利だとして沸騰した国民の怒りは、「日比谷焼き打ち事件」に発展した。この時、お鯉の自宅は、「国賊・桂の愛人を殺せ」と叫ぶ暴漢に囲まれるが、幸い大事には至らなかった。

桂の死後もお鯉はいくつかの騒ぎに巻き込まれ、ある事件で警察に逮捕された。釈放される時、身元引受人になったのは頭山だった。「お前がしゃばにいると、とかく世間を騒がせてしようがない。頭を丸めて尼になれ」。頭山にそう諭され、お鯉は出家した。

尼僧になったお鯉は、托鉢行脚の途中、子供のころ母親に連れて行かれたことがある五百羅漢寺に立ち寄った。さびれ荒れ果てた寺を目にしたお鯉は、「住職になって、復興したい」と思い立つ。そしてこの時、本山との交渉を手助けし、お鯉の願いを実現させたのも、また、頭山だった。お鯉の得度式には頭山夫妻も出席して見届けたという。妙照尼は、一九三八年から亡くなるまで、五百羅漢寺の住職を務めた。

現住職の齋藤晃道は、「妙照尼が住職だったころ、寺は、頭山と関係の深い人たちが集まるサロンのようになっていたようです」と言って、妙照尼が残したアルバムを開いて見せてくれた。そこには、頭山自身や玄洋社社員らしい人物を写した写真が幾枚もとじ込まれていた。

頭山と同じ福岡出身の井上は、東京帝国大学進学で上京する時、先輩からこう言い含められていた。

「君は決して頭山の門をくぐってはならない。頭山が好きになり、まねをするに違いない。頭山をまねる小頭山は困り者だからだ」

井上は先輩の忠告を守った。寺での頭山との出会いは偶然だったが、じかに接し、また、妙照尼の話を通じて得た頭山に対する印象を、井上は「どんな事態にも融通無碍に対応できる人」と語る。

妙照尼の死後、寺は建て替えられ当時の面影はない。しかし寺には今も病気の妙照尼に頭山が送った見舞いの手紙が残っている。

「御病気の由、地獄におちて鬼に負けるな、すこし（金を）送る」

簡潔な文面に、ユーモアにくるんで妙照尼を思いやる気持ちがにじんでいる。

公に尽くした安川第五郎

頭山の生家に近い福岡市早良区西新の修猷館高校で、二〇〇一年九月十五日に開かれた運動会の先頭を切って入場してきたのは、オリンピック旗だった。一九六四（昭和三十九）年の東京五輪で組織委員会会長を務めた安川第五郎が、母校に贈ったものだ。

「五輪期間中、メーンスタジアムに掲揚されていた。当時、同窓会長だった第五郎さんが後輩のためにと、持ち帰ったそうです」。卒業生の教諭・井上裕が説明する。ふだんは校内の資料館に所蔵されており、年に一度、運動会で生徒たちを元気づけるために披露されるのだそうだ。

第五郎は一八八六（明治十九）年、玄洋社社員・敬一郎の五男として、福岡県芦屋町で生まれた。筑豊炭田開拓の先駆者・敬一郎は、当時、石炭積み出し港として開けてきた芦屋に転居していた。『安川第五郎伝』によると、少年時代は消極的な性格で、中学修猷館の受験に二度失敗。将来を悲観して別の学校へ進学しようと、父に相談した。

敬一郎は厳しかった。

「一度こうだと決めた以上、あくまでそれをやり通せ」

もう一年頑張って合格。その後は俄然、積極的になり、玄洋社の付属柔道場「明道館」に毎日通い、汗を流した。真冬の一か月間、午前三時に起きて行う寒げいこは皆勤者が少なかったが、第五郎は毎年必ずやり通した。のちに安川電機を創設し、十七年間の赤字続きにも挫折せず、一流会社に育て上げた第五郎だが、その根気は明道館で培われたのだろう。

修猷館の同級生には、吉田茂内閣の副総理となる緒方竹虎がいた。緒方は第五郎について、「席次というようなものは全然度外視していたが、父・敬一郎さんの風格を受け継いだらしく、みんなから尊敬されていた」と回想している。

敬一郎は私財を投じ、明治専門学校（現・九州工業大学）を創設。その功績などで一九二〇（大正九）年、男爵を授けられることになったが、いったんは辞退。首相・原敬の説得で、男爵家を世襲とせず一代限りとして受けた。

一方、第五郎は企業家となってからも、「国家のため、人のため」をいつも口にしていた。敗戦後、石炭庁長官に就任したが、玄洋社理事だったことで公職追放の対象となって退任。それでも空襲で焼けた明道館再建の話が出た時は再興委員長を引き受け、財団法人「明道会」初代理事長を務めた。

一九七六年、九十歳で死去。東京・青山斎場での葬儀は、遺志により無宗教で営まれ、供花、香典も拒み、簡素だった。玄洋社的なエピソードだ。

安川第五郎肖像（和田三造作，
福岡県立修猷館高校蔵）

安川敬一郎、第五郎は父子ともに企業家としての枠を超え、名誉ではなく公のために尽くすという玄洋社精神を貫いたと言えよう。

修猷館資料館には、現在、第五郎が寄贈した五輪旗のほか、頭山や画家・和田三造ら玄洋社社員の書画が多数収蔵されている。館長室には、緒方、中野正剛、広田弘毅の銅像が並んでいる。第二十四代館長・前川昭治は、「昨今のあまりに利己的な風潮が我が国の文化、政治、経済を貧困にしている。高い志を抱いて利他的に動いた国家有為の先輩たちの話を、生徒に伝えていきたい」と語ってくれた。

豪傑を生んだ明道館

「お願いします」。子供たちの大きな声が響く。

福岡市中央区赤坂一丁目にある柔道場・明道館を訪ねた。夕方になると、小学生や会社員らが集まり、受け身や乱取りを始める。道場の壁には、頭山の書「敬神崇祖」や、和田三造の絵「虎之図」がかかる。「明道」の額は、孫文の筆だ。玄洋社の付属道場として、一八九六（明治二十九）年、福岡市西職人町の玄洋社の隣に建てられた。初代館長は河村武道。三十二畳の道場は「何の飾りもなく、心身の鍛錬にのみ重点を置いた」という。「福陵新報」は、開館式で、館員総代として中学修猷館の生徒・広田丈太郎（のちの広田弘毅）が答辞をしたと伝えている。

　明道館の逸話は数知れない。桃太郎と呼ばれていた二代目館長の河野半次郎は、日露戦争中の一九〇五年、捕虜収容所の屈強なロシア兵の挑戦を受け、退けた。

河村武道肖像（和田三造作，財団法人明道会蔵）

　広田の後輩で、日魯漁業副社長などを務めた真藤慎太郎は、「明道館には、豪傑の卵とも言うべき青年が多く、稽古のあとには、大小の卵たちが裏の玄洋社の座敷に寄り合って、毎晩のように豪傑話に花を咲かせ、夜更かしした」と当時の雰囲気を伝えている。

　一九四五（昭和二十）年六月十九日の福岡大空襲で、明道館は玄洋社とともに炎に包まれた。再建されたのは一九五〇年。安川第五郎を再興委員長に、真藤、和田らが世話人になった。その後、一九六一年、現在の場所に移転した。現在、財団法人明道会が道場を運営している。

「今、柔道の練習は学校、警察、実業団に集約されてしまっている。これらに属さない人が柔道をする楽しみを奪われないよう、いつでも気軽に通える道場を提供したい」と、館長の波多江健一は力を込める。

再建後の入門者は約五千人。現在は九十人で、うち四十人が社会人。商社マン、銀行員、公務員、教師、医師ら、職業はさまざま。銀行員の古橋章秀が満足そうに汗をぬぐいながら言った。「社会人の僕らが、やりたい時に柔道をできる。本当に柔道が好きな人が集まっているなと感じます」。彼は小学三年から大学まで柔道に夢中だったが、就職後、縁がなくなっていた。インターネットで明道館の案内を見つけ、通うようになったそうだ。

中体連九州大会で準優勝したという高宮中学三年の天野典佳は、「大人の人がいっぱいいて、練習になる。歴史ある道場で、指導員の先生が親切に教えてくれる」と、伸び伸びとけいこに励んでいた。

「先祖を敬うべし」、「国・故郷を愛すべし」、「権利・義務をわきまえて公共のためにつくすべし」――。波多江が玄洋社憲則を現代風に表現した道場のモットーに、長い歴史への誇りが込められている。

陽性の魅力・和田三造

洋画「南風」は、画家・和田三造の代表作だ。一九〇七（明治四十）年、文部省が開いた第一回文展で最高賞に選ばれた。小舟の上に立つたくましい男。モデルは、明道館二代目館長の河野半次郎と言われる。和田の作品を卒論のテーマにした日本女子大学助手（日本近代美術史）の手塚恵美子は、「魅力はその生き方の面白さ」と語る。

和田三造（福岡県立修猷館高校蔵）

中学修猷館に入学した和田は、明道館に通って柔道に打ち込み、学校では授業中、デッサンに没頭した。注意した数学教師と対立し、暴行事件を起こし、東京に出奔。黒田清輝に師事し、東京美術学校（現・東京芸術大学）に進み、福岡県久留米市出身の青木繁とともに洋画を学んだ。

卒業後の船旅が「南風」の誕生につながる。南の島にあこがれ、八丈島行きの郵便船に乗った。ところが、小さな帆船は暴風雨に巻き込まれ、帆柱を折られて漂流。三日後に大島に流れ着いた。この間、老船長は和田をいたわり続けた。「船長への感謝と記念のため、『南風』を描く気になった。何度も郵便船で往復し、構想を練った」と回想している。

第二回文展でも「煒燻《いくん》」で最高賞を獲得し、一九〇九年、フランスに官費留学。八年間滞在し、官費が切れたあとの三年間は、実業家・松本健次郎の援助を受けた。松本は、安川敬一郎の二男である。玄洋社人脈はいろいろなところでつながっている。

北九州市立美術館副館長の中島順一は、「和田はフランスからの帰りにインドやビルマで東洋美術を研究し、のちに工芸、焼き物、日本画に転向した。作品はアジア主義、日本主義的なところがある。あっけらかんとした陽性の人だった」と話す。

同市戸畑区の旧松本家住宅（国の重要文化財）、この広大な洋館の階段壁面には、長崎県・平戸港のいにしえの風物を描いた南蛮絵更紗《なんばんえざらさ》「海の幸」がかかっている。さらには、東京・銀座の果物店・銀座千疋屋の陶板壁画、共立女子大学講堂の緞帳《どんちょう》……。いずれも和田が手がけた作品だ。

現在も多くの人を楽しませている和田の作品について、手塚は「総合芸術を目指し、生活の中に工芸と絵画を融合させた。ダイナミックで天真爛漫な人柄に、玄洋社の影響を感じる」と言う。

和田の甥・渋沢宏造は、一年間和田と一緒に暮らした。「和田の母が上京する時は、頭山満の門下生が送り迎えした。大作を描く時も、玄洋社のたくましい人たちが力仕事を手伝いにきていた」と振り返る。

「空襲で多くの作品が焼けて残念です」。戦後、こう話しかけた渋沢に、和田は「いや、焼けてよかった。(自分の絵は)まだまだ本物ではない、完成していないのだ」と答えたという。この時、七十歳を過ぎていた。一九六七年、八十四歳で亡くなるまで、和田は向上心、好奇心を失わなかった。

柴四朗と大野仁平

「白いひげをたくわえ、物静かで優しい印象でした」

現在、「博多券番」最年長の芸妓《げいぎ》・久千代が、晩年の頭山の印象を語ってくれた。頭山の座敷に出たのは一九三五(昭和十)年、場所は福岡・水茶屋(現・福岡市博多区千代二)の料亭・常盤館で、久千代は二十二歳だった。「玄洋社の方々との宴席だったと思います。若かった私は、恐れ多くてお話もできませんでしたが、その姿は目に焼きついています」と振り返る。

当時、水茶屋は料亭が軒を並べていた花街。その中でも木造三階建ての常盤館は、一流どころだった。明治時代から玄洋社が集会場として利用し、伊藤博文、井上馨ら政界の大物や孫文など、多彩な人々が訪れた。のちに玄洋社の人々と行動をともにする柴四朗もその一人だ。

柴は、旧会津藩士の九人兄弟姉妹の四男として生まれた。会津藩が官軍を迎え撃った戊辰戦争（一八六八―六九年）では、白虎隊士として藩の敗亡を体験した。この戦争で次兄は戦死、祖母、母、姉一人、妹二人、兄嫁が自刃した。

米国のハーバード、ペンシルベニア両大学で政治学と経済学を学び、五年間の留学を終えて一八八五（明治十八）年に帰国した柴は、国づくりへの抱負をたぎらせ、一冊の書物を世に出す。『佳人之奇遇《かじんのきぐう》』のタイトルで発刊された政治小説はたちまちベストセラーとなった。「東海散士《とうかいさんし》」というペンネームには、「国を失い、家族が離散してしまった侍」という意味を込めた。

その序にこうある。

「多年客土にあり、国を憂い世を慨し、千万里の山海を跋渉《ばっしょう》し、物に触れ事に感じ発して筆を取る」

柴四朗（日本近代史研究会編『図説国民の歴史』より）

物語は留学中の散士が、アイルランドの亡命者とスペイン革命家の女性と出会うところから始まる。イタリア統一運動家、エジプトの民族独立運動家ら憂国の男女が次々に登場。祖国の独立を語り合うという筋立てで展開していく。

白虎隊伝承史学館（福島県会津若松市）の館長・鈴木滋雄は、「西欧列強のアジア侵略への危機感を、国民に伝えずにはおれなかったのでしょう」と語る。

『佳人之奇遇』は、世界の情勢を知る書として迎えられた。若者たちの多くがこの書を携え、国事を論じ合った。頭山ら玄洋社の面々も競うように読んだに違いない。

柴は執筆を続けながら、政界に乗り出す。一八九二年、衆院議員に当選し、のちに農商務次官や外務参政官を務める。弟の柴五郎は陸軍大将となり、その不屈の半生と戊辰戦争の実相を書き残したことで知られる人物だ。

『佳人之奇遇』は十二年間、一八九七年まで書き継がれ、第八編まで刊行された。この間、欧米列強の専横に対する憤りと自由を鼓吹する「自由民権」的な色彩が濃かった物語は、次第に「国権拡充」を軸にした展開に変わっていく。それは、玄洋社が歩んでいく道とも重なる。

さて、話は常盤館の宴席である。

明治十年代後半から二十年代初頭にかけ、柴は九州を旅したが、頭山は福岡で柴を迎え、常盤館で歓迎の宴を催した。この宴に、博多の侠客・大野仁平の一派が、芸者の取り合いから乱入する騒ぎとなった。

大野は戊辰戦争で官軍に加わり、弾丸を歯で受け止めたという伝説を持ち、「勇敢仁平」と呼ばれていた男。来島恒喜ら玄洋社の面々と大立ち回りを演じたが、頭山は例によって、ひとり涼しい顔で座っていた。

「根が意気の比べ合いで、互いの力量を知ってみれば、そこは侠客だけに男らしく、肝胆相照らす仲となった」と頭山は回想している。頭山の胆力にひかれた大野は、これを境に玄洋社に加わり、頭山の活動を側面から助けていくことになる。

その後、傲岸不屈の平岡浩太郎に心酔した大野は、平岡の炭鉱経営に協力。平岡が中国の活動拠点にしようと、上海に製靴店を開いた時には、大陸にも渡った。

そんな大野に、頭山は名槍《めいそう》「日本号」を譲っている。「黒田節」に「酒は飲め飲め飲むならば　日の本一のこの槍を」と歌われた槍だ。長さ三・二メートル、刃先には竜の彫り物がほどこされている。この槍は、豊臣秀吉が勲功を上げた家臣・福島正則に贈り、福島に酒を強要された黒田家の重臣・母里《もり》太兵衛が、「槍を賜らば飲む」と〝飲み取った〟もの。母里家の家宝だったが、明治になって売りに出され、頭山が買い取ったという。

「仁平が遊びに来て、欲しそうにするから、くれてやった。仁平が死んで、その息子が、安川敬一郎に売った。それを黒田家に献じたそうじゃ」と、『頭山満翁写真伝』の挿話にある。

黒田家は、この槍を福岡市美術館の開館を機に福岡市に寄贈し、現在は早良区百道浜の市博物館に常設展示されている。博物館の学芸員・又野誠は、「作者は不詳だが、美術品としての価値が高く、現代の人間国宝クラスの人が挑戦しても、なかなか同じものはつくれないほどの逸品」と話す。福岡のシンボルは玄洋社関係者の手を転々として、市民の共有財産となったわけだ。

今、博多警察署千代交番近くのマンション敷地内に、小さな石碑が立っている。玄洋社最後の社長で、福岡市長となった進藤一馬の筆で「常盤館跡」と記してある。

奇才縦横・杉山茂丸

東京大学医学部の標本室にはガラスケースが並び、献体した学者らの骨格が納められている。玄洋社社員・杉山茂丸のがっちりした骨格も、ここで保管されている。担当者は、「骨格標本を見ておくことは、医者になるなら絶対に必要。学生はここで目に焼きつけます」と話す。

杉山は「死しても我が国の学問に役立たなくてはならない」と、「死体国有論」を唱えていた。一九三五（昭和十）年、脳出血で倒れて急逝し、本人の希望通り献体された。妻・幾久茂《いくも》も夫にならい、夫婦は今もガラスケース越しに寄り添っている。

杉山が死去する二か月前、頭山との交流五十年を記念し、金婚式になぞらえた「両翁金菊祝賀会」が東京で開かれた。陸軍大将・荒木貞夫、外相・広田弘毅、駐英国大使・吉田茂……。出席者はそうそうたる顔ぶれで、「政界の黒幕」と呼ばれた杉山の存在感を示した。

杉山と頭山は、ともに福岡・黒田藩士の家に生まれたが、知り合ったのは一八八五（明治十八）年だった。若いころは藩閥政府を倒そうと、長州出身の伊藤博文の暗殺を企てたこともあった杉山だが、頭山に「血気にはやるな」といさめられたのを機に、長い付き合いが始まる。

杉山はその後、国の興隆という理想の実現を目指し、伊藤や桂太郎、児玉源太郎ら、政治家や軍人と親交を深めていった。一八九五年、日清戦争の講和会議では、全権の伊藤に中国・遼東半島の領有をやめるよう進言。台湾の統治法を研究して報告した。一八九七－九八年には数度渡米し、外資導入を図る銀行の創設案を持ち帰った。一九一〇年ごろには関門海底鉄道トンネルを発想し、技師数人に研究、実地調査させ、設計案を政府に提出した。この時、政府は採用しなかったが、関門トンネルは一九三六年に工事が始まり、太平洋戦争中の一九四二年に完成した。

杉山の長男で、作家の夢野久作（本名・杉山泰道《やすみち》）は、『近世快人伝』の中で父親をこう評価している。

「古今の名探偵以上の智力と、魅力をもって、政界の裡面を縦横無尽に駆け回った」、「近代的な、または実際的な方法手段をもって、独力で日本をリードしようと試みて来た人間」だったと。

政界の裏舞台について、杉山は自著に様々な動きを書いているが、事実確認は難しい。久作の二男で、元小学校長の三苫《みとま》鉄児は、「祖父のことを長年調べたが、明治三十三年以降は、本当のところはわからない」と言う。

しかし、東京で活動する祖父を初めて訪ねた時のことは、よく覚えているという。「酒はあまり飲まないのに『今日はうまい』と杯を重ねた。寝ている時、扇であおいだら、喜んで天体望遠鏡をくれた」

頭山は、「(茂丸を)ホラ丸というものもあったが、識見雄大で奇才縦横だった。一度会えば、臓腑まで見透かした」と回想している。杉山には自分の望む方向に相手を巧みに引き込んでいく魅力が備わっていたようだ。

これに対して、杉山は頭山について、「訥弁なようだが極めて雄弁家。粗慢なようで緻密。横着者のようで正直。無情に見えて実は情にもろい。卑近な話をしていながら、精神上哲理の妙境に遊んでいる」と評した。お互いに本質を見抜き、友情を築いていったのだろう。

玄洋社の豹・中村天風

「玄洋社の豹」と呼ばれた男がいた。中村三郎である。手のつけられない暴れん坊だった。のちに天風《てんぷう》と名前を変え、大正時代から昭和の高度成長期にかけ、悩みを抱える人々に、積極的な心の持ち方がいかに大切かを説く人となる。頭山は「世の中で一番驚いたのは、お前が修養の先生になったことだよ」と、よく冷やかしていた。

中村は東京生まれ。少年時代、けんか相手の指を折ったり、耳たぶを引きちぎったりしていた。修猷館に進んだが、事件を起こして退学。両親は、知人を通じて頭山の家に預けた。玄洋社社員とも取っ組み合いのけんかをし、頭山から止められても、「勝負がつくまで、死んでもやめません」と言い張った。頭山は「豹のようなやつじゃ」とつぶやいた。

日清戦争前、中国で情報収集を行った天風は、日露戦争前の一九〇二（明治三十五）年、満州へ向かう。軍事探偵としてだった。戦争後を含め、五年間、諜報活動を続け、その間、一日もふろに入らず、ロシア軍に捕まり、処刑寸前に仲間に助けられたこともあった。生還後、重い肺結核にかかり、病気を克服しようと、書物を読み、欧米を渡り歩いた。当時、治療法は確立されていなかった。

「どんなに努力しても助からない」。あきらめかけた時に出会ったのが、インドのヨガの聖者カリアッパだった。その教えを受けた天風は、ヒマラヤ山中で厳しい修行をして悟りを開き、病気が自然治癒したという。

帰国のあいさつのため、一九一五（大正四）年ごろ、頭山を訪ねている。

「自分自身をつくり変えて帰ってこられた。人の世のために生きるため、生まれ変わられたのです」。頭山は穏やかな口調で天風に語りかけたという。

中村天風（財団法人天風会蔵）

悟りを伝えようと、講演活動を始めた天風は、巧みな話術で人々の心をとらえ、日露戦争時の連合艦隊司令長官・東郷平八郎や平民宰相・原敬らも心服した。

作家・宇野千代は天風の弟子の一人。名作『おはん』を書いたあと、「もう書けない」と感じていたが、天風に「人間は何事も自分の考えた通りになる」と言われてから、次々と作品を書けるようになったという。『天風先生座談』のあとがきで、「（天風に会えた）四年間に、私は自分でも信じられないほどの変わり方をした」と記している。

天風の教えは、自然界の森羅万象に感動し、そこに流れる宇宙の気を自らの心身に取り入れる——というものだ。一九六八（昭和四十三）年の死去後、財団法人天風会がその教えを伝えており、現在も政治家、大企業のトップ、医師ら、多くの人が心の支えにしている。

天風は、頭山を「心の師」と仰いでいた。天風会理事長の合田周平は、「天風がインドで悟ったことを、頭山さんは自ら体得していたのではないだろうか。頭山さんは天風へ生涯影響を与えた人だ」と話す。

「九州日報」に集った人々

山笠を守れ——。

「九州日報」の主筆・古島一雄《こじまかずお》は一八九八（明治三十一）年初夏、山笠キャンペーンを始めた。県知事の提案で、警察が博多祇園山笠を許可しないと決めたからだ。理由は、「裸体でかつぐのは野蛮」、「電線が架設された道路では危険」、「水や冷酒を飲むのも不衛生」というものだった。

古島は、「裸体が悪ければ法被《はっぴ》を着せればよい」、「山笠を低くすれば、電線の妨害にはならない」、「暴飲は慎めばいい」と、連日のように論陣を張り、警察が「許可する」と折れるまで、記事の掲載を続けた。

古島は東京の新聞「日本」の名編集長とうたわれていた人物。頭山の創刊した「福陵新報」がこの年五月、「九州日報」と改称した際に福岡に招かれた。

古くて狭い社屋に驚き、「信用を高めるために新社屋建設を」と、資金を出していた平岡浩太郎に訴えた。安川敬一郎、貝島太助《かいじまたすけ》ら炭鉱王の資金援助もあり、二階建て洋館の新社屋が、福岡市中島町（現・福岡市博多区中洲中島町）に完成した。

一年間で東京に戻った古島は、その後、政界入りし、戦後は首相・吉田茂を支えた。

孫文の盟友・宮崎滔天は、同じころ九州日報の「番外記者」だった。条件は、月給がない代わり、自由に記事を書いてよい、というものだった。社の幹部は、滔天をよく飲みに連れて回った。滔天は『三十三年の夢』に、「その胃袋が過大なりしためなり。すなわちよく飲みよく食い、またよく遊びしをもってなり」とつづっている。社主の的野半介は、「番外記者ほど高いものはない」とこぼしたという。だが、孫文が英文で発表した「倫敦《ロンドン》被難記」を日本で初めて翻訳、長期連載し、孫文の知名度を上げる重要な役割を担った。

夢野久作も一九一九（大正八）－二四年、編集長直属の遊軍記者として活躍。入社当時の編集長は加藤介春《かいしゅん》で、詩人でもあった加藤から厳しく文章を指導された。

夢野久作（『近世怪人伝』より）

久作の長男・杉山龍丸《たつまる》の著書『わが父・夢野久作』によると、（記事は）三分の二以上消され、残った部分も朱筆で訂正されて、新聞に載った自分の文章はわずか二、三行。「寝ても覚めても、文案を練り、朱筆で訂正された個所を考えつくした」（久作）という。

一九二三年九月一日、関東大震災が起きた。久作は病気で入院していたが、特派員として上京。震災後の東京を歩いて「大東京の残骸に　漂う色と匂いと気分」と題したルポと、巧みなスケッチを朝夕刊に送った。読者の評判はひじょうに高かったという。

久作は、小説「あやかしの鼓《つづみ》」が一九二六年、雑誌「新青年」の懸賞小説で最高位に選ばれたのをきっかけに、作家の道を歩み始める。「夢の久作」は博多の言葉で、いつも夢を見ているような人の意味。茂丸から「夢の久作さんの書いたごとある小説じゃねえ」と冷やかされ、それをペンネームにした。

九州日報は、福陵新報時代から、長崎・高島炭鉱の鉱員虐待キャンペーンなど活気あふれる記事を掲載してきたが、太平洋戦争中の一九四二（昭和十七）年、福岡日日新聞と合併し、現在の西日本新聞となる。

元西日本新聞文化部長の江頭光は、「九州日報は多くの人材を輩出している。社そのものが管理的ではない感じだったからでしょう。戦後、入社したが、九州日報出身の記者にはその気風が残り、枠に入らず、人間の大きな人が多かった」と懐かしむ。

多才人・清水芳太郎

玄界灘を見下ろす丘陵地（福岡市西区徳永）に、「清水芳太郎」と刻まれた記念碑が立っている。訪れる人はいないようだ。師走というのに雑草が生い茂っていた。

清水は一九二八（昭和三）年から約十年間、九州日報の主筆兼編集局長を務めた。

「言論人で、科学者というユニークな人だったが、玄洋社の中では忘れられた存在でした」と鹿児島大学教授（政治学）の平井一臣は話す。平井は九州大学大学院在学中、図書館で「九州日報」のマイクロフィルムを見ていて、記事中に頻繁に名前が登場する清水に興味を持ち、調べ始めた。

清水は和歌山県出身で、早稲田大学で学んだ。早稲田の先輩・中野正剛が九州日報の経営を

清水芳太郎（『清水芳太郎全集』より）

引き受けた際、清水を福岡に呼び寄せた。二十八歳だった。社説「今日の主張」を担当。その筆は、政治、経済から、科学、芸術、宗教の分野まで縦横無尽だった。クローン人間や試験管ベビーの出現を予測。五十年後の福岡を、高度情報化したアジアの中心都市として描き、学生時代からの友人・進藤一馬が市長になると〃予言〃した。

科学者としての活躍の場は、一九三〇年、福岡市・薬院（現・福岡市中央区薬院二）に設立した「清水理化学研究所」だった。

「脳細胞を酷使する人はカルシウムが必要」として「高圧なべ」を考案し、魚を丸ごと煮込む「骨かまぼこ」を製品化。微弱な電流を体内に流してつぼを見つける「灸《きゅう》点探索器」、健康食品「もやし米」を作った。さらに垂直上昇する「竜巻飛行機」、濃霧透視機、ロータリーエンジンの開発……。国民生活を豊かにし、国を強くするためには、科学技術を発達させ、新しい生産体制を築かなくてはならない。清水はこんな思いを抱き、研究開発に打ち込んだ。それが清水の目指す国家改造だった。

「清水は、テロやクーデターといった直接行動をとるのではなく、草の根的な大衆運動に力点を置いた。大隈重信を襲撃した来島恒喜ら玄洋社第一世代とは異なり、新しいタイプの国家主義者だった」と、平井は語る。

日中戦争から太平洋戦争に向かう時代のうねりの中で、陸軍の東条英機が、清水の頭脳、発明に注目した。軍事技術の開発のため、一九四〇年、理化学研究所を東京・立川に移設。一方、軍部内で東条と対立していた石原莞爾も清水の思想に傾倒し、自らの戦争論構築の参考にした。当時、日本の命運を握ると言われていた東条と石原。清水は、二人を結びつけ、日本の運命をも変えていたかもしれない男だった。しかし、軍用機で立川から福岡・大刀洗飛行場に向かう途中、飛驒山中で遭難。四十二歳の短い生涯を閉じる。太平洋戦争開戦直後の一九四一年十二月十三日のことだ。早すぎる死が、清水を忘れられた存在にしてしまった。

誇り高き無名社員たち

「存命中の者では、私が最後の玄洋社社員ではないでしょうか」。柴田一俊は言う。玄洋社に入ったのは一九三五(昭和十)年。父の繁太郎、叔父の麟次郎も玄洋社社員だった。麟次郎は、日露戦争の際、満州義軍に参加。中国革命に尽くした末永節《みさお》らと親しかった。

「当時、福岡出身の有為の人たちの多くが玄洋社に籍を置いていた。社として具体的に何かするということはなかったが、社員であること自体が誇らしかった」と柴田は振り返る。

大学卒業後、頭山に身元引受人を頼み、南満州鉄道と並ぶ国策会社「東洋拓殖」に入社。「国のために」と必死に働いた。玄洋社に入ったころ、自己紹介の時、「麟次郎の甥の一俊です」と名乗っていたが、玄洋社の先輩から「おじさんの名前を出さなくてもいいじゃないか」と諭されたという。自ら光を放つような人間であれ、という教えだったのだろう。歴史の最後のページにいる柴田は今、「玄洋社は明治維新以後、決してむだなことはしていないと思う」と力を込める。

『東亜先覚志士記伝』の巻末には列伝のページがある。そこをめくると、個性あふれる玄洋社の人たちの姿が目に浮かんでくる。

玄洋社の玄関に掲げられた看板や来島恒喜の碑の揮毫をした名筆家・大内義映は、平岡浩太郎らが中国・上海に人材育成学校・東洋学館を設立した際、渡航。日清・日露戦争では、通訳として大陸を転戦した。

「無髪の太夫」と称した丸刈り頭の竹下篤次郎は、来島らと小笠原に渡航。亡命中の金玉均と親交を深めた。来島や金が島を離れたあとも開墾事業に従事し、その後は、米国で農園経営者となった。

西南戦争で薩軍に加わり生き残った中島翔は「玄洋社のけんか大将」と呼ばれた。武勇伝は数限りなく、博多の侠客・大野仁平もかなわなかったが、晴れがましい席は苦手だった。鹿児島で西郷隆盛五十年祭が開かれた際、一番に玉串をささげる順番を振り当てられ恐縮。招待会で知事らの歓待ぶりに困惑し、逃げるように福岡へ戻ったという。

頭山の孫・統一は著書『筑前玄洋社』で、友枝新平という人物を紹介している。

友枝は社の宴席でいつも末席近くに座り、胸をそらせ、威張っていた。招待客から「どのようなお仕事をされているのですか」と問われると、「残念ながら玄洋社の小使っ」。いっそう胸を反らせた。

統一は「玄洋社を支え、彩るのはこのような名を求めることなき個性だった。むしろ無名であることを誇りとしたという方がよい。沈勇の士の存在が、東京で社を代表した頭山の底力となった」と記している。

玄洋社の魅力は、こうした個性あふれる、誇り高き人間たちである。

二十世紀は経済とイデオロギーの時代だったとも言えるが、二十一世紀は玄洋社のような「人物主義」が見直されるような気がする。

最後に、生前の頭山を知る人の思い出話をひとつ記しておく。北九州市八幡西区の北九州開発協同組合理事長・栗原潤吉の話である。

栗原の記憶では、頭山に会ったのは十六歳の時だという。栗原は当時、福岡市で玄洋社の流れをくむ政治結社に入り、活動していた。結社の主宰者から「頭山翁の傘寿の祝いに会いに行ってこい」と勧められ、西新町あたりにあった屋敷を訪れた。玄関には、書生らしき青年が四、五人おり、囲碁をしていた。そのうちの一人が「何しに来た」と詰問したので、主宰者の名前を告げると、間もなく奥に通してくれた。

頭山は十畳ほどの座敷に、床の間を背にひとりで座っていた。和服姿で、白ひげに丸いめがね。写真で見る姿と同じだったが、年齢差のある栗原さんには、とてつもなく大きな人に見えたという。

頭山は、緊張している栗原さんに、いきなり切り出した。

「今から重慶に行く。蔣介石に会いに行く。ついて来るか」

栗原さんが「はいっ、喜んでついて行きます」と答えると、頭山は「生きては帰れないぞ」と一喝した。「度胸試しだったのでしょうか。とにかく、その言葉が強烈な印象で残っています」と振り返る。当時、頭山は東京に居を構えていたが、帰郷した折の出来事だろう。

栗原さんは、長年、アジア各地の留学生に宿舎を提供したり、奨学金を出したりしてきた。現在は、特定非営利活動法人「アジア知友文化協会」の理事長を務めている。「ＮＰＯ活動に取り組んでいるのも、頭山翁や玄洋社の先輩たちの遺志を継いでのこと」と言い、事務所に飾ってある富士山を指さし、「頭山翁は、この富士山のような、けたはずれに大きな人間でした」とほほ笑んだ。

深憂

玄洋社の苦悩と頭山満の死

頭山満をはじめとする玄洋社社員たちは、「民権」を固守するためには、祖国の自主独立が大前提になると考え、行動してきた。さらには、アジアの国々と連帯して欧米から独立しなければ、欧米と対等な関係を結ぶことはできないという思想を持つに至り、アジア各地の独立革命家たちを迎え入れ、時には政府と対峙してまで、彼らを守り抜いた。

ところが、時代は満州事変から日中全面戦争へと、頭山らが身を挺して体現してきた志とは異なる方向へ進んでいく。この時代に生じた日本とアジアの心のもつれ、歴史認識の違いは、現在に至るまで尾を引いている。

この章では、世界史の大きな分岐点で、初志を貫徹して時代と格闘し続けた頭山らの姿を追ってみる。

このころ、国民的人気をほしいままにしていた頭山は、失意の中にいた。

常磐松の頭山邸

一九二三（大正十二）年九月一日、関東大震災が起きる。東京・霊南坂（現・港区赤坂）の頭山邸も焼失した。孫文をかくまい、アジア独立運動の拠点にもなっていた家だったが、頭山は淡々としていた。「万事簡単な僕の家にも、何やかやと道具がいつの間にかできて、かかあなどが置き場所に困ると言っていたが、これで心配はなくなった」（『巨人頭山満翁』）という話が残っているほどだ。

一家は、大震災の前日から静岡県・御殿場の山荘に出かけていた。御殿場の揺れも激しく、六十八歳の頭山は、妻の峰尾とその母を抱えて外に避難する際、ランプの破片でひざ頭を切った。その直後、山荘も倒壊した。

住む場所がなくなった頭山は、息子や娘婿の家などを転々としていたが、翌年、親交のあった銀行家が、東京・常磐松十二番地（現・渋谷区東一）に土地、屋敷を提供してくれた。そして、頭山を慕って出入りする人たちが勝手に増築し、「危ないから」と廊下に欄干を作った。庭には、池を掘り、樹木を植え、いつの間にか頭山の銅像が三つ建った。書生たちの寄宿舎、柔剣道場、刀鍛冶《かじ》の作業場、土俵までできた。

常磐松にあった頭山邸（藤本尚則編『頭山満翁写真伝』より）

「幼いころ、祖父と祖母の間で寝ていた」という孫の大藤実は、とにかく来客が多かったことを覚えている。大臣や各国大使から無名の書生、僧侶まで様々な人たちを、頭山の横にちょこんと座って見ていた。

「祖父は、どんな身なりの人にも、背筋をピンと伸ばして丁寧に応対し、玄関まで見送って深々とおじぎをしていました。肩書や服装ではなく、人格を見抜いて接していたようです」

玄洋社の後輩・広田弘毅や中野正剛らも頻繁に訪れていた。

毎朝、続けていた明治神宮参拝には、近くの人二、三十人が同行。これらの人の朝食の準備で、峰尾は忙しかった。

にぎやかだった常磐松の屋敷は太平洋戦争中、空襲で焼け、現在はマンションが建っている。

周囲は、青山学院、実践女子、国学院などの大学が集まる文教地区で、当時の面影は残っていない。

三男逮捕

一九三二（昭和七）年二、三月、前蔵相・井上準之助、三井財閥の指導者・団琢磨が相次いで殺害された。血盟団事件と言われる。世界恐慌後、深刻な不況が続く中、要人暗殺による国家改造を計画した事件だった。首領は井上日召。日召は、東京・常磐松の頭山邸敷地内の道場に身を隠した。

情報を入手した警官隊は頭山邸を包囲した。頭山の周りは「翁に迷惑がかからないうちに日召を追放しよう」と図るが、頭山は許さなかった。日召自身が出頭の決意をして、ようやく「本人が出るというならよろしい」と認めた。

この年の初夏、頭山家は再び時代の激しい動きに巻き込まれる。五・一五事件である。首相・犬養毅が海軍将校らに射殺され、関係者として三男の秀三（一九五二年死去）が逮捕される事態となった。犬養と頭山は孫文を助け、辛亥革命の成功後、中国に渡った盟友だった。

「犬養さんとは心を許し合っていた。あの時の祖父は立ち上がれないほど衰弱していました」

と、孫の大藤実は振り返る。

しかし、頭山は毅然としていた。家宅捜索に訪れた検事は拒絶されるのを覚悟していたが、眉一つ動かさず、白ひげをしごいて一言いった。

「ご苦労です。どうぞ」

捜索を実力で阻止しようとする若者たちには、「国法に基づいてやることだ。絶対に妨害してはならん」と言い聞かせた。

秀三の逮捕直後に生まれた長女の成毛松子は、父・秀三の服役中、母の操と常磐松の屋敷で暮らした。頭山は、嫁に細やかな心遣いを見せ、操の荷物を「おれが持ってやろう」と声をかけることもあった。秀三が出所後、デパートを珍しそうに見て回る姿を見た時には、「秀三を好きなようにさせてやっておくれ」と、操に頼んだという。

頭山が小学校に入学する孫のランドセルの心配もしていたという逸話も聞いた。孫文に資金援助していた実業家・梅屋庄吉の孫・新居嗣朗の話である。

新居は、「祖母が、頭山翁から頼まれたと言って、私が上海で使っていた革製のランドセルを差し上げた記憶があります。祖父は亡くなっていましたが、祖母と頭山翁との交流は続いていました」と語ってくれた。

この時期、頭山の言葉を記したとされる書物が次々と出版された。芝居「頭山満翁伝」まで上演された。頭山は無口だったのにもかかわらず、世間は英雄豪傑のイメージを膨らませ、頭山を神格化していく。世間は「右翼の巨頭」と呼んだが、孫たちにとっては「優しいおじいさん」だったようだ。

時代は混迷を深めていた。頭山は、日中関係の険悪化を強く憂うようになっていた。一九三一年九月に満州事変が起き、血盟団事件で団が暗殺される直前、満州国が建国された。一緒に日中の修復策を練っていた犬養は五・一五事件で倒れ、修復の道を探る試みは中断していた。

和平工作

「気が進まない」。一九三五（昭和十）年四月、頭山はそう言って、来日した満州国皇帝・溥《ふ》儀《ぎ》の招待を断った。表向きの理由は三男・秀三が五・一五事件に連座したことだったが、同じ年、孫文の追悼十年祭には発起人代表として出席していた。本音は、軍によって建国された満州国を積極的に支持する気になれなかったということだろう。

一九三七年七月、北京郊外の盧溝橋で放たれた一発の銃弾から、日中は全面戦争に突入した。その日、頭山は秀三を自室に呼んで言った。

「多くの尊い人命と長い歳月と莫大な物量を、失い尽くすまで戦うに違いない。今ごろこういうばかなことが始まるとは」

この時の頭山と秀三との会話の内容は、頭山家の縁故者に配布された私家版の小冊子に詳しく記されている。太平洋戦争末期に、日中和平工作のため中国に渡っていた秀三が、現地でラジオ放送した際の原稿で、表紙には「昭和十九年十二月十二日午後七時、上海放送局からの放送」と記されている。

「その朝、私を部屋に呼んだ父は『ばかなことが始まった。蔣介石氏は日本と中国が助け合わねばならぬことを最も解し得る中国人であることはおれが一番よく知っている。いかなる耐え難い問題が持ち上がろうとも、日華の交わりを失ってはいけない。そのことをおれは蔣介石氏と固く約して別れたのだ』。そう言ってにっこり笑っていましたが、父の一生を通じて一番寂しい笑いでありました」

蔣介石は辛亥革命に参加し、孫文の後継者として一九二六（大正十五）年、国民革命軍総司令官に就任した。しかし、一九二七年下野し、頭山を頼って来日。頭山家の隣家で起居していたが、頭山らに翻意を促されて帰国し、北伐を完成させた。

秀三は日中間を何度も行き来し、中国革命に尽くした玄洋社社員・萱野《かやの》長知《ながとも》らとともに和平工作に奔走。国民党と妥協点を見つけて準備が整ったところで、頭山の登場を求める計画だった。

1929年，中国・南京の宿舎に頭山満と犬養毅を訪ねた蔣介石（左から頭山，一人おいて犬養，蔣介石。『頭山満翁写真伝』より）

親子最後の会話は次のようなものだった。

「私が最後に父と話をしたのは、別れを告げに行った九月末でした。父は大変なご機嫌で『中国にまた行くか。元気で行ってこい。中国が米英と協力して日本と戦う、これは真実ではない。おれは孫文、蔣介石と約したことが真正なる中国の心と信じて疑わない……』。自信に満ちた父の話はいつまでも続いたのでした」

東京・麻布の外務省外交史料館には、頭山自身が一九三八年一月、国民政府の首相に相当する行政院院長だった孔祥熙にあてた電文記録が残っている。そこには、「私も八十四歳になりますが、以前のごとき友好関係を回復するためには一生の力をささげる所存です」と書かれてある。

秀三は一九三九年春には、和平活動に専念するため、家族四人を連れて上海に渡っている。長女・成毛松子は、「上海で、父はほとんど家にはいませんでしたが、ある日、中国側の鍵を握る人が亡くなったと、非常に残念がっていたのを覚えています」と振り返る。

一方、中学修猷館の卒業生で朝日新聞社副社長の緒方竹虎も、東久邇宮《ひがしくにのみや》とともに、和平のため、頭山の力を借りようとしていた。

「頭山翁は、衰運に乗じてその領土を盗むようなことが非常に嫌いで、朝鮮の併合も反対、満州事変も不賛成、日華事変に対しては、心から憤っていた。翁の口から蔣介石に国際平和の提言をすすめてもらうことを考えた」（東久邇宮著『私の記録』）

東久邇宮は一九四一年九月、「政府代表が行っても蔣介石は相手にしないだろう。あなたが一個人として会ってはどうか」と頭山に依頼した。

「最後のご奉公に身を賭《と》して（中国政府のあった）重慶に参りましょう」と頭山。元首相の広田弘毅が重臣対策、衆院議員の中野正剛が議会対策を担当し、緒方が重慶に連絡することになった。

大陸への侵攻、拡大する戦火――。頭山の目に映った日本の姿は、孫文が日本最後の講演で語った「東洋王道の干城」ではなく、欧米列強に追従していく「西洋覇道の犬」だったに違いない。

蔣介石は「頭山とならば会ってもよい」と伝えてきた。蔣介石は十四年前、頭山邸を訪れ、「両国の交わりを失ってはいけない」と約束したことを忘れてはいなかった。しかし、近衛文麿内閣が総辞職し、陸軍の東条英機が首相になっており、会談は実現しなかった。

十二月八日、太平洋戦争開戦。頭山の五男・乙次郎も出征していく。

緒方竹虎の奔走

緒方竹虎は剣の達人だった。その剣は、幕臣・山岡鉄舟の流れをくむ小野派一刀流。剣禅一致を説く鉄舟の教え「心外無刀」（心の外に刀なし）を座右の銘にし、言論人の道を選んだ。剣道に打ち込んだ中学修猷館時代、一級上に中野正剛がいた。中野の後を追うように早稲田大学に進み、朝日新聞に入社した。おっとりした人柄が枢密院顧問・三浦梧楼に気に入られ、その親類の女性と結婚。頭山が仲人を務めた。

一九三〇（昭和五）年十一月十四日朝、東京駅のプラットホームで、特急列車に乗り込もうとした首相・浜口雄幸が、右翼青年に狙撃された。この時、東京駅には緒方の姿もあった。修猷館の先輩で、駐ソ大使として赴任する広田弘毅を見送りに来ていた。編集局長だった緒方は、

緒方竹虎（社団法人玄洋社記念館蔵）

車を飛ばして社に戻り、自ら原稿を書き、号外を発行。あわてていたので浜口の服装を間違えて書いたという。

右翼や軍部には批判的だった。一九三六年の二・二六事件では、青年将校らが新聞社の玄関に押し寄せ、「代表者を出せ」と要求した。主筆になっていた緒方が一階に下りて応対した。緒方の甥の九州大学名誉教授・緒方道彦は、緒方から聞いた言葉を覚えている。

「エレベーター運転係の女性がふだんと変わらぬ表情だったので、自分も心が落ち着いた。将校に近づいたら、相手が直立不動で敬礼したので、勝ったと思った」

一九四〇年九月、日独伊三国同盟が締結され、米国との緊張が高まる。緒方は「このまま行くと戦争になって、日清戦争前の日本になってしまう。戦争反対だといって自分で闘うのも難しい」と、同僚に嘆いたという。

日中和平工作は、戦争防止の最後の手段として、東久邇宮と計画。趣味の乗馬を通じて知り合った宮には、内外の最新情報を伝えていた。

東久邇宮が頭山に蔣介石との交渉を依頼したのは、一九四一年九月二十四日。翌朝、頭山は緒方を呼び、「和平に努力せよと言われて感激した」と言い、蔣介石から贈られた署名入り写真を緒方に預けた。緒方が連絡役を務めることになったからだ。

だが、時の首相・東条英機は、「今はそんな時期ではありません」と東久邇宮の提案に反対した。太平洋戦争の緒戦の勝利が続いた時、東久邇宮は再度、「戦況が極めて有利な時機を利用して、蔣介石政権と交渉を進めてはどうか」と主張したが、東条の返事は、「調子のよい時に考えられない。見解の相違です」というものだった。

東条内閣が一九四四年七月に総辞職し、緒方は小磯国昭内閣の国務大臣兼情報局総裁として入閣した。戦後は自由党総裁として、保守合同の立役者となったが、次期首相と目されながら一九五六年に急逝した。

言論界の大先輩・徳富蘇峰は、その死を悼んで次のように語った。

「縦から見ても横から見ても、常に真ん中に立つ人。利欲権勢に超然とし、一身をあげて国家にむくゆるの精神に至っては、脱帽せざるものはあるまい」

広田弘毅の苦悩

「浩浩居《こうこうきょ》」――。東京・JR西荻窪駅近くの閑静な住宅街（杉並区松庵三）に、広田弘毅ゆかりの学生寮が建っている。一九三六（昭和十一）年の二・二六事件後、広田は首相に就任。この年十月十七日、この寮の新築落成祝賀会が開かれ、広田、頭山らが出席した。

一高生だった広田は一八九九（明治三十二）年、友人と共同生活するため、頭山らの援助を受け、小石川に下宿を建てた。中国の詩人・馬子才の「浩浩として歌う　天地万物我を如何せん」から「浩浩居」と名づけた。数回移転し、学生寮に姿を変えた。

現在の浩浩居は鉄筋二階建て十八室。福岡市とその周辺出身で東京大学、一橋大学、早稲田大学、慶應義塾大学などに通う学生が暮らしている。

福岡高校卒の早稲田大学三年の入寮生・田中智史は、「戦犯として処刑された広田は、戦争を止めようとしたのに、できなかったため、黙って逝ったと思う。詳しく知らない友人が『A級戦犯の人』と言うと腹が立ちます」と話す。

入寮生で東京帝国大学で学んでいた占部禎一は、「祝賀会で頭山さんを初めて見た。白いひげが記憶に残る」という。広田については、「温厚で、無口な人。酒や箱入りのリンゴをよく差し入れしてくれた」と振り返る。首相在任中、のちに日独伊三国同盟に発展する日独防共協定が結ばれた。「どうしてですかと尋ねたが、何も答えなかった」と言う。

広田が頭山と初めて会ったのは一高に合格し、上京した時だった。外交官志望を告げると、頭山は「それは結構だ。もっともおれは役人と金持ちにはならぬことに決めている」と語った。そして、こう続けた。

「両方とも人のなりたがるもの。国家というのは大きな乗合船のようなもので、皆が一方に集まると転覆する。だから私は人の行かぬ側の舷に頑張って船を傾けないようにしている」と。

広田弘毅（玄洋社記念館蔵）

外相だった一九三五年、広田はこの言葉を思い出していたのかもしれない。国会で国際情勢に対する認識が楽観的にすぎないかと追及され、「今日の信念をもって申せば、在任中に戦争は断じてないことを確信している」と述べている。

満州からの撤退を求められ、国際連盟を脱退後、日本は国際的に孤立していた。軍部の圧力が強まる中で、広田は対外関係の改善に努めていた。「協和外交」と呼ばれ、蔣介石、駐日米大使らの評価は高かった。その後、首相に就任したが、陸軍大臣と議員の問答をめぐり衆議院が混乱し、一年に満たない短命内閣に終わった。中国との全面戦争につながる盧溝橋事件が起きた一九三七年七月には、再び外相として入閣していた。

大陸での戦いは泥沼化していく。浩浩居で暮らした占部は三井鉱山に入社していたが、中国戦線へ出征する。「敵をやらないと自分がやられる。九死に一生のことが何度もあった」と話す占部が、「敵に襲われ、軍刀を抜こうとしても抜けない」という夢を見なくなったのは、この十年ぐらいのことだという。

広田の苦悩は、計り知れなかっただろう。

中野正剛自刃

「もの静かな広田弘毅さんとは対照的に、中野正剛さんはいつも明るく、祖父の前で、はしゃいでいらっしゃいました」

頭山の孫・成毛松子は懐かしそうに目を細める。衆院議員だった中野は、東京・常磐松の頭山邸を訪れ、松子を見つけると、豪快に抱き上げるのが常だったという。

中野は一九二〇（大正九）年に三十四歳の若さで故郷・福岡から衆院議員に当選、玄洋社の中心人物の一人として政治活動の中で頭角を現していった。その絶頂期を示す一品が、玄洋社記念館に保存されている。「ムソリーニの鉛筆」である。

一九三七（昭和十二）年十一月、中野は頭山らの提唱による「国民使節」として渡欧。この時期、中野は「独、伊、米を調停者に立て、日中戦争をすみやかに停戦に持ち込み、東洋永遠の平和を図るべし」と訴えていた。ドイツ総統のヒトラー、イタリア首相のムソリーニと会見し、アジア情勢と日本の立場を伝えた。ローマでムソリーニの言葉を書きつけようと、テーブル上にあった首相愛用の鉛筆をわしづかみにした。それを自分のポケットに入れて持ち帰ってしまったという。

独伊訪問のあと、日本は戦時体制を強め、新聞の論調もがらりと変わる。しかし、束縛を嫌う玄洋社の反骨精神は、締めつけられるほど輝きを増した。

太平洋戦争中の一九四二年四月に行われた「翼賛選挙」で、政府は、中野をはじめ好ましくないと思った候補者をすべて「非推薦」とした。これに対し、頭山は彼らに推薦署名を与えて激励した。特高警察が事情聴取にやってくると、頭山の秘書が「無礼、越権、下がれ」と追い返す。中野も圧力に屈せず当選した。

そして翌年元旦、中野は新聞紙上に「戦時宰相論」を発表した。古今東西の宰相を例に引いて間接的に東条首相を批判したもので、発禁処分になった。九月、中学修猷館の後輩で熱心な支持者が、東京・代々木の中野邸を訪れた際、中野はスイカをふるまい、浴衣の袖をまくって低くつぶやくように言ったという。

「東条英機はいかん。日本をめちゃくちゃにしてしまう。国民の権利はどこに行ったのだ」

中野は東条内閣の倒閣を図る〝重臣工作〟を展開したが、失敗。東条は中野らの一斉摘発に踏み切った。

十月二十七日、憲兵隊の取り調べを受けた中野は、自室で自刃。五十七歳の生涯を閉じる。

「早く寝やい」と、四男の泰雄（亜細亜大学名誉教授）に声をかけたあとだった。机上には『大西郷全集』が広げてあった。ムソリーニとヒトラーの額は、「なんだか見下ろされているようだから」と言い、前日に外していた。遺書十二通は、すべて頭山あてだった。

葬儀委員長を務めた緒方竹虎は、東条の花輪の受け取りを毅然としてつっぱねた。そして、粛々と続く葬列を見つめながら、中野のなきがらに呼びかけた。

「貴様あ、死んで東条に勝ったぞ」

東京都福生市にある泰雄の自宅居間には今、一枚の色紙がかけられている。

欲窮千里目

更上一層楼
（千里の目を窮《きわ》めんと欲し、さらに上る一層の楼）

「父が恩師と慕っていた柴田文城先生を思い出しての言葉でしょう」と泰雄は言う。中野が自決する数時間前、「習字の手本にしやい」と、自ら書いて手渡してくれたという。柴田文城は、中野が学んだ福岡師範付属小学校（現・福岡教育大学付属福岡小学校）の教師で、頭山の縁戚にあたる。

中野正剛（玄洋社記念館蔵）

ある時、中野を連れて山に登った柴田は、山頂でこう諭したという。

「山に登れば、景色がよく見えるように、自分の見識が深まれば、障害になっていたものも自分の味方になる。君が将来偉くなった時、必ず妨害する者がある。その時、その者を憎み、打倒するのは、自分の見識がまだ足らないからだと思え」

泰雄はしみじみと語る。

「父がヒトラーやムソリーニと会談したのは、ナチズムやファシズムに傾倒したのではなく、世界政治の将来について識見を明らかにするためだった。頭山翁や父には、孫文のアジア主義と共通する視野が開けていた。ともに日中戦争を収めるのに必死だった。西欧に追いつき追い越せできた日本を、（明治初期の）自由民権運動の原点に戻し、改造することが父の目標だった」と。

今ひとつ、中野のエピソードを紹介しておく。

二〇〇〇年春、早稲田大学卒業式の式辞で、総長の奥島孝康が中野の歴史的演説の一節を約一万人の卒業生に贈ったのである。

「日本の巨船は怒濤の中に漂っている。便乗主義者を満載していては危険である。諸君、自己に目覚めよ。天下一人をもって興れ」

奥島が引用した中野の演説は、一九四二年十一月十日、早稲田大学の大隈講堂で開かれた創立六十周年の記念講演として行われた。太平洋戦争が始まって、約一年後のことだ。それは、後輩たちを激励すると同時に、当時の東条内閣への批判の意味が込められていた。中野の熱弁に、学生たちは起立し、校歌を合唱してこたえたという。演説を聞いた学生たちの多くは、やがて学徒出陣などによって戦地で命を落とす。

奥島は卒業生を激励して言った。

「今、わが国は個を強めなければならない時代です。中野の歴史的演説の一節を、卒業を迎える諸君に贈りたい。徒党を組んだり、付和雷同したり、大会社にぶら下がったり、権力者に擦り寄ったりするのではなく、各自が個を強め、孤立を恐れず、自信を持って二十一世紀の時代の扉を蹴破ってください」

奥島は、中野の自決から半世紀以上を経て、社会に巣立っていく若者たちに、中野が残した言葉に付託して「個の気概」を呼びかけたのだろう。それは、頭山ら玄洋社の人々が尊んだ精神の有り様と重なり、二十一世紀を生きる私たちにも何事かを語りかけてくるようである。

福岡市中央区今川の中野正剛銅像前では、毎年、命日前後に顕彰祭が開かれている。

頭山死す

日中和平に心を砕いていた頭山は、静岡県御殿場市東山の山荘で健康管理に努めながら、蒋介石との会談の日を静かに待っていた。居室からは、頭山が愛した霊峰・富士が真正面に見えた。建物は老朽化してなくなったが、眺望は今も変わっていない。

現在、跡地で暮らしている孫の頭山真一は、山荘のたたずまいを覚えている。

「玄関を入って、右手が母屋。左手に長い渡り廊下があって、その先に祖父の部屋。わらぶ

常磐松の自宅で揮毫する頭山満（『頭山満翁写真伝』より）

きの平屋、高床で、真ん中に火鉢が置いてあった。廊下には、訪問客が記念にサインした板が、ずらりと掲げてありました。富士山が一番よく見える所を役場の人が見つけ、地元の人が土地を譲ってくれたそうです。御殿場駅から山荘へは、牛の引く荷車に乗って行ったものです」

真一は、一家で荷車に乗った記念写真を今も大切に持っている。

御殿場で、頭山は毎朝、百枚もの揮毫をした。墨をするのは、孫の大藤実の役目だった。このあと、山荘から約一キロの二岡神社に参拝に出かけていた。

ある日、大藤は境内の杉の巨木を見上げて、「太いなあ」と漏らした。すると、頭山は「あの木を二本切って、割りばしをつくったらたくさんできるぞ」とつぶやいた。

「祖父の言葉はいつも暗示的で、相手に何かを考えさせようとした。あの時は、小さいことを言うな、もっと大きな人間になれ、と励ましたかったのでしょう」と大藤は言う。

隣には、国際法学者・寺尾亨が別荘を構えていた。東京・霊南坂時代も隣同士で、孫文やラス・ビハリ・ボースの支援でも行動をともにした仲。寺尾は、届けをせず中国に渡ったのをとがめられ、東京帝国大学教授の職を辞していた。

「あんなに人のいい、淡泊な男はなかった」と頭山。気のあった二人は一日一度、好きな碁を打っていたという。

頭山は一九四四（昭和十九）年十月四日、山荘の居室で囲碁の棋譜を見ながら、碁盤に向かっている時に倒れる。家人が医師を呼びに行った。

妻・峰尾との会話が最後の言葉となった。

「熱はあるか」

「ありません」

「そうか、こういう状態で熱がないのはいかんな」

翌五日死去。享年八十九歳。

雨が降っていたが、不思議にも富士山が見えたという。なきがらはその日のうちに東京・常磐松の自宅に戻った。

中国では、重慶、南京などで弔旗が掲げられ、死を悼む行事が営まれたという。

大藤は言う。

「祖父はいつも、日本と中国は兄弟だ。けんかするのはいいが、深入りはいかん。最後は日本を救うために、おれが出ていく、蔣介石と会う、と言っていた。しかし、軍部が祖父を取り囲み、動けなかったのです」

頭山の死から十か月後に敗戦。日本は連合軍の統治下に入る。

頭山は、連合国軍最高司令官総司令部（ＧＨＱ）によって「侵略戦争を推進した」首領とされ、玄洋社には解散指令が出された。これにより、頭山が死の直前まで日中和平に心血を注いでいたことも封印された。

しかし、蔣介石は忘れてはいなかった。

太平洋戦争が終わった一九四五年八月十五日、日本で終戦の玉音放送が流れる一時間前、蔣介石は、抗日戦の最前線から全世界へ向けて演説した。

「全国の同胞は既往をとがめず、徳を以て怨みに報いるということを心得るべきである」

蔣介石は、日本に対する賠償請求権を放棄した。それは、他の戦勝国からの底知れない請求に歯止めをかけることになった。焦土から立ち上がった日本は、やがて「奇跡の経済復興」へ向けて踏み出すが、戦後日本は蔣介石の「以徳報怨」によって救われたとも言えるのではあるまいか。

蔣介石の決断は、頭山との間で培った友情と信義が生き続けていたからこそあり得た、と想像するのも、それほど的外れではないだろう。

敬愛

玄洋社解散と頭山満の素顔

一九四五（昭和二十）年八月。敗戦によって、人々は価値観の一八〇度転換を迫られた。玄洋社は強制解散となり、頭山満らの「偉業」は戦後民主主義の流れの中で、抹殺、封印されていく。

この章では、戦後の玄洋社の動きを追うとともに、生前の頭山を知る身近な人たちに直接インタビューし、ベールに覆われてしまった頭山の素顔に迫った。

秋霜烈日

「裁判の何物なるかを達観し自ら証人台にも立たず毅然として塵《じん》世の外に嘯《うそぶ》く」――。

一通の書面が今、福岡市中央区赤坂の柔道場・明道館に残っている。太平洋戦争後、A級戦犯として処刑された広田弘毅への追悼の辞で、荒木貞夫、木戸幸一ら十人の連名となっている。

十人は極東国際軍事裁判（東京裁判）で広田とともに裁かれたが、広田とは生死を分けた。「平和に対する罪」などに問われたA級戦犯二十五人に、判決は一九四八（昭和二十三）年十一月十二日、東京・市谷の旧陸軍省大講堂で言い渡された。死刑七人のうち六人は東条英機、松井石根らいずれも軍人。唯一の文官だった広田への意外な判決に法廷は静まり返った。しかし、同情の言葉をかけられた広田は淡々とした表情で言った。「なに、雷にあったようなものだ」と。

十一か国の裁判官十一人のうち五人は、広田の死刑に反対。そのうち、オランダのレーリンクは、「広田が戦争に反対したこと、そして、彼が平和の維持とその後平和の回復に最善を尽くしたということは、疑う余地がない」と明確に無罪を主張した。

広田は外相在任中の日中開戦、南京虐殺の責任を厳しく追及されていたが、レーリンクは「（駐日米大使）グルーの日記の記述によって、その当時、広田の地位は強力なものでなかった。文官政府は軍部に対し、ほとんど無力であった」と見ていた。

判決は、その後の減刑運動などでも覆ることはなく、広田は一九四八年十二月二十三日、処刑された。

何も書き残してはいないが、『廣田弘毅』（広田弘毅伝記刊行会編）などからその思いが伝わってくる。

「自分は今度の問題については一切弁解はせぬつもりだ」と、広田は妻の静子に告げていた。その言葉通り、法廷では何も語ろうとはしなかった。弁護人にも、「私が証言台に立てば検事からいろいろな尋問を受ける。それに対して正直に答えれば、他人のことに触れなければならない。それでは他人に迷惑がかかるでしょう」と話していた。

静子は玄洋社社員・月成功太郎の娘。月成は、来島恒喜とともに大隈重信の条約改正案を阻止しようと死を決していたが、「お前は妻子ある身だから」と来島に制止された。そんな父を持つ静子は、広田が一高時代に友人と共同生活していた下宿・浩浩居で、炊事などの手伝いをしていて結ばれた。

静子は広田の裁判中に服毒自殺する。

「パパ（広田）がいる時代に、日本がこんなことになってしまって。戦争を止めることができなかったことは恥ずかしいことです」。死の直前、子供たちにこう漏らしていた。

遺書はなかった。死を覚悟している夫の決心を鈍らせまいとしたのだろう。

東京・巣鴨の拘置所で、妻の死を知らされた広田は、深くうなずくだけだったという。しかし、その後も、広田が家族にあてた手紙の書き出しは、必ず「シズコドノ」だった。

一九九八年、『秋霜の人　広田弘毅』を発表したノンフィクション作家・渡邊行男は、「無罪の人が絞首刑になった。いろいろ伝記はあるが、あとから判明したオランダ判事の証言などの資料を踏まえ、もう一度書き直さなければいけないと思った」と執筆の動機を語る。広田の人柄については、「第一級の外交官であり、政治家だった。一生を修養として生きた人。あの時代に軍部に逆らって軍事予算を抑えたりしているのですから」と言う。

福岡市中央区の大濠公園の一角に、一九八二年五月、広田の銅像が建立された。毎年五月、追悼会が開かれている。

ノーマンの見た玄洋社

一九四六（昭和二十一）年一月四日付の連合国軍最高司令官総司令部（GHQ）の文書「ある種類の政党・協会・結社その他の団体の廃止に関する覚書」の中に玄洋社の名が出てくる。GHQの最高司令官マッカーサーはこの日、「軍国主義指導者」の公職追放とともに、「超国家主義団体」に解散指令を発した。団体リストには、二十七団体の名前が並び、その八番目に玄洋社の名前が記されている。英訳は「Dark Ocean Society」である。

この方針の策定に深くかかわったのが、カナダ人の歴史家で外交官のハーバート・ノーマン。一時、GHQに籍を置き、マッカーサーとも親しかった。父親は宣教師で、長野県・軽井沢で布教活動をしていた。ノーマンは軽井沢で生まれ、少年期を神戸で過ごす。カナダの大学を首席で卒業し、英国ケンブリッジ大学に留学。米国ハーバード大学で研究生活を送ったあと、カナダ外務省に入省。一九四〇年、語学官として日本に赴任した。

初めての著作は『日本における近代国家の成立』。日本に赴任した年に出版され、ジャパノロジスト（日本学者）としての名声を決定的なものにした。評伝『悲劇の外交官 ハーバート・ノーマンの生涯』を書いたノンフィクション作家・工藤美代子は、「日本語資料を自由に読みこなし、その上に、西欧史の豊かな知識も備え、日本の近代国家成立に至る過程を、明治期までさかのぼって綿密に、しかも体系的に分析している」と紹介している。

だが、ノーマンの目に玄洋社は、「旧式の膨張主義圧力集団」（「日本における特定政党・団体・結社の解散」）と映っていた。太平洋戦争中の一九四四年に発表した論文「玄洋社——日本帝国主義の源流」のまえがきでは、「日本帝国主義、反動の重要な邪悪な役割を演じてきた」、「（戦後も）彼らは再び日本軍国主義復活の先鋒となる恐れがある」と述べ、強い警戒感を抱いていたことがうかがえる。

頭山らが、アジア各地の革命家、独立運動家らを支援したことについても否定的だ。「孫文らを厚遇したのは、日本の利益につながることを期待していたからだ」とし、フィリピンのアギナルド、インドのラス・ビハリ・ボースらについては、「無節操な冒険者、安価な出世主義者、政治的山師など自国でも無用な、歓迎されない連中ばかりをつかんだのである」と書く。

著作は敗戦後、翻訳、紹介された。こうした影響もあって、ノーマンの描いた玄洋社、頭山のイメージが戦後社会に定着していった観は否めない。

工藤は「ノーマンが、学者としてきちんとしており、人間的に魅力があったのは事実だが、ものの見方は結構左寄りで、左翼系の人とのつきあいの方が居心地がよかった人だった」と指摘する。また、「玄洋社への見方も、(太平洋戦争中で軍国主義一色だった)当時の日本の社会背景が強く影響していると思う」と話す。

最後の玄洋社社長で、公職を追放された進藤一馬は、「実際の玄洋社は昭和十一年からは社団法人となり、政治結社としての実践団体ではなかった。名残をとどめたのは付属道場だった柔道場・明道館だけだった」と戦後に回顧している。

カナダ外務省に戻ったノーマンは、大使としてエジプトに赴任。一九五七年四月、カイロで飛び降り自殺する。一九五〇年以降に始まった米国の上院議員マッカーシーによる「赤狩り」で、ソ連のスパイではないかと疑われ、繰り返される攻撃に精神的に追い込まれていたという。

敬天愛人

「歴史学者ハーバート・ノーマンは玄洋社を国家主義の源流としたが、私は、玄洋社と昭和期の国家主義者は直接はつながっていないと思う。玄洋社と昭和期の国家主義者との間は、むしろ断絶の方が大きいのではないか」。政治学者で玄洋社の歴史にも詳しい鹿児島大学教授・平井一臣は、こう話す。

確かに、玄洋社は一人一派的なネットワークで、政治的な枠組みでひとくくりにはできない。頭山の言動にも組織者としての発想は見られない。「ただ、頭山にはシンボルとして利用価値があったから、いろんな人がいろんなことを語り、イメージが増幅された。その点、西郷隆盛によく似ている」と平井は言う。

頭山は、西郷の言葉「敬天愛人」を座右の銘にした。中野正剛は自刃の際、机上に『大西郷全集』を広げ、進藤一馬も強い尊敬の念を抱いていた。彼らが西郷を師と仰いだ理由はどこにあるのだろうか。

日本ファシズムを研究している北九州市立大学名誉教授・安部博純は、「権力におもねらない在野精神」を第一に挙げ、「理論ではなく、心情にひかれたのでは」と見る。

一八七七（明治十）年の西南戦争で、西郷は不平士族を代表しつつ、民権論者の期待も担っていた。反動なのか、進歩派なのか。幅が広く、つかまえどころがない。矛盾だらけで、一人でいろんな要素を持つ。そういう見方をすると、西郷は、「一身多頭の怪物」と言われた明治日本の代表選手だったのかもしれない。

安部は「頭山にも似たようなところがある」と指摘。「時代背景や環境、出会った人が違っていたら、頭山が無政府主義者になっていた可能性もありますよ」と言う。極論すれば、思想の右、左など、どうでもよいことで、西郷や玄洋社の人々にとって大切なのは、身を殺して公に尽くすことのできる「誠」の心を持った人物であるかどうかということだったのだろう。

倒幕・維新の立役者として歴史の表舞台に躍り出た薩摩、長州藩。対照的に福岡藩は維新に乗り遅れ、様々なかたちで新政府の圧力を受け、頭山ら福岡士族の胸中は屈折していた。

西南戦争後、頭山は二度、鹿児島を訪れている。主を失った西郷家の留守番役をしていた学者・川口雪蓬は「西郷は死んだ」と追い返そうとしたが、頭山は「身体は死んでも、精神は生きている」と言って、西郷の愛読書を持ち帰った。江戸後期の陽明学者・大塩平八郎の『洗心《せんしん》洞箚記《どうさつき》』で、西郷の書き込みがあった。福岡に民権結社・玄洋社が生まれたのはその直後。一八七九年十二月だった。

共感していた西郷を失い、武力による新政府打倒に挫折した頭山らは、「反政府」の新たな旗印として自由民権を掲げる。アジアへの欧米列強の圧力は日増しに強まり、朝鮮半島でも旧体制を変革しようとの動きが出ていた。

維新史に詳しい広島市立大学教授・毛利敏彦は、「この時期に、大陸に近い福岡に玄洋社が誕生したのには、歴史的にも地理的にも必然性があった」と語る。

西郷隆盛の人形が置かれた頭山邸の床の間
（藤本尚則編『頭山満翁写真伝』より）

頭山は『大西郷遺訓』講評で次のように述べる。

「天を敬し、人を愛す。ここが南洲翁の大眼目じゃろう。世の中を渡るの道はこの敬愛の二字に尽きる。親子、夫婦、兄弟、町内の付き合い、広くは国際間の交際であろうと、別に変わったことではないのじゃ」

これは、個人の価値を追求していく西欧的なものの考え方と異なっていた。このため、アジア主義を唱える頭山らは、欧米列強に追従する政府とことごとく対立する。

「ひとりでいても淋しくない人間になれ」。頭山は玄洋社の若い人たちにこう言った。単に孤独に打ち勝てというのではなく、自ら光を放つ人間になれ、という意味だったという。

思想や理屈や能書きではなく、一人でも戦う勇気のある純粋な人間の集まり。「頭山がやるというのならおれもやる」式の男たちの集団。それが玄洋社の実像ではないだろうか。そして、彼らが目指したものは、西欧の近代合理主義に立脚した国づくりではなく、西郷が夢見た、もっと東洋的な和の精神を大切にする「もうひとつの日本」だったように思える。

サムライの生き方

敗戦直後の一九四五（昭和二十）年八月二十日に、頭山の三男・秀三がＮＨＫラジオで語ったとされる放送原稿が、子孫の手元に残っている。

「日本が完全に敗北したということは、近代日本がいかに不完全であり、外観だけの文化であり、内容のない、世界に対して恥じらいに堪えぬ、粗悪なものであったかということです」

このあと、「頭山満」の名前は新聞、ラジオから姿を消す。もはや国民的人気を誇る英雄豪傑ではなく、右翼の巨頭であり、大陸侵略の推進者だった。

「祖父は右翼の親分でも豪傑でもない。白というか、空というか、何もない人。地味なサムライでした」と、秀三の四男・興助は振り返る。

東京・平河町の頭山事務所で、興助は次のように説明した。

「頭山という人間は逸話を並べれば並べるほどわからなくなる。それは、サムライがわかっていないから。サムライにとって大切なのは、いざという時に飛び出せるかどうか。何をするかは時代によって違う。だから、頭山は赤、黒、金、何色にでも染まれた」

民権主義から国権主義への急旋回。玄洋社の歴史で、このことは大きな転換と言われるが、この点について、興助は、「田んぼ」をたとえに出して明快に答えてくれた。

「サムライはもともと田んぼを守るために生まれた。一族の土地を他者に奪われないよう武装したのが始まりだ。民権か国権かという問題は、苗を植える時か、外側を整える時かの違いにすぎない。サムライにとって大切なのは、あくまで田んぼなのです」

孫たちの話によると、頭山は日常生活にも、武士の気質を残し、ひじょうに折り目正しかったそうだ。

子供たちを「さん」づけで呼び、用事を頼む際には「すまない。もし手が空いているなら」と気遣った。威張らず、声を荒らげず、家でごろ寝することもなかった。横になる時には、必ず床の準備をして休んだという。興助は「祖父はただ、武士の生き方を貫いた人。イデオロギーに振り回されて封印されたにすぎません」と強調する。

また、頭山は「合理的な考え方をするリアリスト」でもあったという。「B29（米軍の爆撃機）に竹槍で向かうようなことは絶対に言わない。B29一機には、B29二機であたれという人だった。戦国武将にたとえると織田信長。同時代では福沢諭吉と同じですね」と興助は語る。

福沢と頭山はともに明治維新後、禄を失った武士で、在野で活動したという共通点はあるが、思想的には、かけ離れていったように見える。

日本が「東洋の英国」となる日を夢見る福沢と、英国嫌いで「興亜論」を唱える頭山。一見、犬猿の仲のようにも見えるが、九州大学名誉教授・西尾陽太郎は、「国家の独立が急務だという点で、二人の認識は一致していた。脱亜、興亜は独立達成の二つの道にすぎなかった」と指摘する。そのうえで「福沢は頭のいい人。日本がアジアの中で生きていくしかないということは承知のうえで、あえて激しい論調で訴えたのだろう。頭山も先の見える人だったから、息子や孫たちを慶應義塾で学ばせている」と話してくれた。

2歳の孫・松子を抱く頭山満
(『頭山満翁写真伝』より)

　今、大分県中津市の福沢旧居は、復元保存されて観光名所になっている。一方、福岡市早良区西新にあった頭山の生家はなくなり、当時の面影をしのばせるものはない。

「おれの一生は大風の吹いたあとのようなもの。何も残らん」

頭山が常々語っていた通りになった。

家族の思い出

「(亡くなった)祖父の胃のあたりに、大きな青い内出血があったのを覚えている」。頭山の孫・統一は、雑誌にこんな文章を載せている。ほかの孫たちも「ストレスからでしょう。若いころから胃かいようだったようです」と話す。円形脱毛症も患っていたそうです。

孫・真一は、頭山が持ってきたコイの姿が目に焼きついている。

「体が弱かった僕に栄養をつけさせようと、コイをぬれた新聞紙にくるみ、鎌倉の家に届けてくれました。たらいに入れると、バチャバチャと勢いよくはねた」

二男・泉が病気をした時には、一か月間一緒に温泉に入った。子供たちが動物を飼いたいと頼むと、「徹底してかわいがれ。動物は口がきけないんだ」と諭したという。命がけで仕事をする一方、命を大切にする人でもあったようだ。

公の場では、どうだったのだろうか。

一九三五（昭和十）年、東京で営まれた孫文の追悼十年祭の様子を撮影したフィルムを見せてもらった。頭山の子孫が保存しているものだ。

「孫文先生と交わした交誼友情が今もっとも必要とされる時、心外な状況が続いているのは残念の極みであります」

発起人代表としてあいさつする頭山の声はボソボソと低く、憂いに満ちている。

家族の思い出からは気遣いの人だったことが伝わり、フィルムに写る姿からは「右翼の巨頭」、「東洋の豪傑」というイメージとはかけ離れた実像が見えてくる。

しかし、一九〇八（明治四十一）年、雑誌の募集した「現代豪傑」でトップに選ばれたのをはじめ、揮毫の依頼が相次ぐなど、イメージは独り歩きしていく。その時々の権力者が、頭山を「国民的な人気者」に祭り上げて利用しようとした面もあったのではなかろうか。

福岡地方史研究会会長の石瀧豊美は、「戦前の神格化、戦後の無視、どちらも間違い」と指摘する。大切なのは、頭山らの掲げた理想が、なぜ実現できなかったかを検証することだろう。

最後に、頭山を陰で支えた妻・峰尾のエピソードを紹介しておきたい。

峰尾は十五歳で三十歳の頭山と結婚し、五男五女を育てた。玄洋社記念館に峰尾の書が残っている。

くれ竹の雪の重みにたへかねていとなつかしきけさのおもかけ

この歌について頭山は、「妻が福岡で貧乏しとったころのことだった。年の暮れ、東京の私に金送れのなぞだったのだろう」と回顧している。「ところがどうにもならぬ。金の代わりに送った」というのが、次の一句だった。

呉竹の力だめしや今朝の雪

こんな話もある。

頭山は、炭鉱の権利を売却して得た大金を一か月もたたないうちに右から左へ処分した。その時の峰尾の言葉は、「主人が金を持っていますと、頭山もあんな男かと思われるのが心配でしたが、きれいになくしてくれましたから私の気も晴れ晴れしました」。

頭山の遺骨は崇福寺の玄洋社墓地（福岡市博多区千代）、頭山家の菩提寺・円応寺（同市中央区大手門）、東京・青山墓地に分骨された。峰尾は青山墓地で、頭山と一緒に眠っている。

玄洋社復興

博多湾の入り口近くに浮かぶ玄界島（福岡市西区）。船着き場から東へ歩いて三分ほどの所に、堀六郎、斎田要七という二人の名前を刻んだ墓がある。幕末、福岡藩の藩論を尊王に導くために奔走し、幕府の怒りをかって流刑となり、島の北側の浜で処刑された「勤王二烈士」の墓である。

一九一二（大正元）年、頭山満、進藤喜平太、安川敬一郎らが、遺骨を島の北側から博多に面した南側に移し、墓碑を建てた。以後、敗戦まで慰霊祭を続けた。

戦後、途絶えていた慰霊祭を復活したのは喜平太の四男で、のちに福岡市長となる進藤一馬。一九五七（昭和三十二）年八月、東京から福岡に戻った一馬は真っ先に島を訪れた。

一馬は「幼いころから、父に玄界島に不幸にも若くして散った二人の志士の墓があると聞いていた。いつか島に渡り、長い間墓地の世話をしてくださった島の人々にお礼を申し上げたいと思っていた」と、島民たちにあいさつした。

一馬は太平洋戦争で日本の敗色が濃くなった一九四四年九月、第十代玄洋社社長に就任した。広田弘毅、緒方竹虎、安川第五郎ら先輩たちの推挙によるものだった。最初は固辞していたが、

福岡市博多区・崇福寺の玄洋社墓地

頭山の、「そっちが一番の適任者。万事よろしくやってくれ。広田、緒方らによく相談して」の言葉で腹を決めた。

一九四五年六月十九日、福岡大空襲で玄洋社の社屋は焼失。孫文の書も、大隈重信を襲撃した来島恒喜が着ていたモーニングコートも灰と化す。そして、GHQの指令で玄洋社は解散。一馬は「超国家主義団体のリーダー」として逮捕された。

東京・巣鴨の拘置所で、三階にいた広田が階段を下りて運動場に行く途中、一階の一馬の部屋の前に立った。鉄格子に駆け寄った一馬に、「心配ない。君のことはよく説明しておいた」と手短に告げて立ち去った。

二年八か月の獄舎生活から解放された一馬は言った。「いくら調べても玄洋社が好戦主義の秘密結社とする証拠は出てこなかった。それで釈放されたとたい」と。

一馬は早速、いわれなく傷つけられた先人たちの名誉回復に動き出す。一九五二年、福岡正剛会、翌年、頭山立雲会を設立。中野正剛記念碑を建立し、広田の銅像建設期成会の会長を務めた。

一九七八年、玄洋社記念館落成。館報第一号に一馬は、こう記している。

「(社長就任から)わずか一年数か月後に解散を余儀なくされ、大任を果たせなかったことを何とかして償いたいと願い、記念館設立に一念発起しました」

二〇〇一年十月七日、崇福寺の玄洋社墓地で玄洋社物故者慰霊祭が営まれた。毎年、頭山の命日前後に行われている。この日、曾孫の晋太郎(頭山興助の長男)が初めてこの慰霊祭に参列した。会社員の晋太郎はその年の春、東京から福岡に赴任してきていた。

「仕事で名刺交換すると、相手に『頭山翁の親類の方ですか』と聞かれる。『曾孫です』と答えると、びっくりされます」と晋太郎。そのたびに曾祖父の偉大さを思い知らされるという。

「没後五十七年もたって慰霊祭が続いているのはすごい。僕自身、これから玄洋社の歴史をしっかり学んでいきたい」と、頭山満の墓前で力強く語った。

扉写真

本扉　玄洋社を支えた群像（1907年3月23日，於・東京芝・丸木写真館）

前列左から，月成功太郎，福本誠，頭山満，内田良五郎，進藤喜平太，杉山茂丸，末永純一郎，後列左から，武井忍助，古賀壮兵衛，大原義剛，内田良平，的野半助，月成勲，児玉音松

（社団法人玄洋社記念館蔵）

源流　玄界灘

燎原　頭山満が植えたクスノキ（福岡市早良区西新）

東亜　51歳の時の頭山満（藤本尚則編『頭山満翁写真伝』より）

異彩　玄洋社社員銘塔（福岡市博多区千代・崇福寺）

深憂　燕尾服姿の頭山満（前掲書より）

敬愛　金婚式をあげた頭山満と峰尾（前掲書より）

玄洋社関係年表

西暦	和暦	玄洋社	日本	アジア
1855年	安政2年	頭山満誕生		
1868年	慶応4年 明治1年		明治維新	
1871年	明治4年	頭山、興志塾に入門		
1876年	明治9年	萩の乱に連座し、頭山、箱田六輔ら投獄される	前原一誠の萩の乱	
1877年	明治10年	頭山ら釈放され開墾社設立	西南戦争、福岡の変	
1878年	明治11年	頭山、土佐に板垣退助を訪ね、自由民権運動に目覚める 頭山ら自由民権結社・向陽社を設立	大久保利通、暗殺	

1879年	明治12年	12月、向陽社を玄洋社と改名、平岡浩太郎が初代社長に就任 12月、筑前共愛公衆会設立	
1880年	明治13年	筑前共愛公衆会が全国のトップを切って元老院に国会開設を請願 集会条例に基づき、警察に玄洋社の設置届を提出 頭山、初めて上京、人材を求めて東北行脚 第二代社長に進藤喜平太就任	集会条例制定
1881年	明治14年	第三代社長に阿部武三郎就任 第四代社長に箱田六輔就任	国会開設の詔勅

1882年	明治15年		集会条例改正 福島で県民が警官と衝突する福島事件が起き、河野広中が逮捕	朝鮮で壬午の軍乱
1883年	明治16年		11月、東京・日比谷に鹿鳴館が完成	
1884年	明治17年		群馬事件、加波山事件、秩父事件など関東で自由民権派による激化事件発生。いずれも鎮圧され民権運動は停滞	平岡ら人材育成のため上海に東洋学館設立 朝鮮で親日派のクーデター・甲申政変が起きるが失敗、金玉均ら日本に亡命
1885年	明治18年	頭山、神戸で金玉均と会う 朝鮮・釜山に語学学校・善隣館の立ち上げを計画していた来島恒喜は大阪事件の余波で断念 頭山、峰尾と結婚	伊藤博文、初代内閣総理大臣に就任 旧自由党員・大井憲太郎らによる大阪事件	

1886年	明治19年	来島、南方開発を目指して小笠原島に渡り、金玉均と親交	長崎に上陸した清国水兵が騒動を起こし、警察と衝突して双方に死傷者（長崎事件）
1887年	明治20年	大阪で開かれた全国有志懇親会で頭山と中江兆民が出会い、意気投合 「福陵新報」創刊	大同団結運動が起こる 保安条例が出され、自由民権家ら東京追放
1888年	明治21年	箱田六輔、死去	
1889年	明治22年	来島、大隈重信外相に爆弾を投げつけ、その場で自決。大隈は右足切断の重傷	大日本帝国憲法発布
1890年	明治23年		初の衆議院選挙
1891年	明治24年		第一回帝国議会で、民党が予算削減を求め政府と全面対決。土佐派の寝返りで予算案が成立。中江兆民は立腹して議員辞職

1892年	明治25年		総選挙で、民党の抑圧を目指す政府が各地で選挙干渉を行う 福岡では、玄洋社が政府側に立ち、民党候補を襲撃	
1894年	明治27年	平岡、衆院議員に当選		金玉均、上海で暗殺 日清戦争開戦
1895年	明治28年		孫文、初来日	日清戦争終結、独仏露による三国干渉
1897年	明治30年	頭山、孫文と出会う	宮崎滔天と孫文が会見	
1898年	明治31年	福陵新報を九州日報と改称	隈板内閣成立、平岡が支援	中国で義和団の乱
1901年	明治34年	内田良平らが黒龍会を設立	中江兆民『一年有半』を刊行、12月に死去	
1902年	明治35年		宮崎滔天『三十三年の夢』を出版	日英同盟締結

1903年	明治36年	頭山と佐々友房らが対露同志会を結成		
1904年	明治37年			日露戦争始まる
1905年	明治38年		日露講和条約に対し国民の不満が募り、日比谷焼き打ち事件が起こる	日本海海戦で日本の連合艦隊がロシアのバルチック艦隊を撃破 ポーツマスで講和会議、日露講和条約調印
1906年	明治39年	頭山、霊南坂に転居 平岡浩太郎、死去		
1907年	明治40年	第一回文展で、和田三造の作品が洋画部門の最高賞		
1909年	明治42年			伊藤博文、ハルビン駅頭で暗殺
1910年	明治43年		大逆事件で幸徳秋水らが逮捕され、翌年、24人に死刑判決	韓国併合

1911年	明治44年	犬養毅、頭山、中国に渡る		辛亥革命
1912年	明治45年 大正1年		明治天皇崩御	中華民国臨時政府成立。孫文、臨時大総統に就任 孫文と犬養、頭山が会見 2月、孫文、辞任 3月、袁世凱、大統領に就任
1913年	大正2年		3月、孫文、来日。玄洋社などを訪問	7月、孫文、第二革命に敗れて日本に亡命
1914年	大正3年	玄洋社と関係の深い外交官・山座円次郎が北京で急死		
1915年	大正4年			ラス・ビハリ・ボース、日本に亡命。頭山と会う
1917年	大正6年			ロシアで社会主義革命
1918年	大正7年		米騒動が全国に波及	

1919年	大正8年			北京の学生が山東半島問題に抗議デモ、五・四運動となる
1920年	大正9年	中野正剛、衆議院議員に当選		
1921年	大正10年		原敬首相、東京駅で暗殺	
1922年	大正11年	宮崎滔天、死去		前年に始まったワシントン軍縮会議が終わり、ワシントン海軍軍縮条約で英米日の主力艦保有比率は五・五・三となった
1923年	大正12年	頭山、常磐松に転居	関東大震災	
1924年	大正13年		孫文が最後の来日、神戸で頭山と会談し、翌日、「大アジア主義」演説を行う	
1925年	大正14年	進藤喜平太、死去	普通選挙法と治安維持法が成立	孫文、死去

1926年	大正15年 昭和1年		大正天皇、崩御	
1927年	昭和2年	来日した蒋介石が頭山を訪ねる	第一次山東出兵	
1928年	昭和3年		内務省に特別高等警察が設置され、特高による恐怖時代に突入	張作霖が乗った列車が爆破され、張、爆死
1929年	昭和4年	頭山、孫文の「英霊奉安祭」に出席		世界大恐慌
1930年	昭和5年		浜口雄幸首相が狙撃され、後に死亡	
1931年	昭和6年			満州事変
1932年	昭和7年		五・一五事件、犬養毅首相、暗殺	満州国建国
1933年	昭和8年	広田弘毅、外相就任	日本、国際連盟を脱退	
1934年	昭和9年		主力艦、航空母艦の保有制限をめぐるワシントン海軍軍縮条約を破棄	

1935年	昭和10年		美濃部達吉の天皇機関説がやり玉に上がる	
1936年	昭和11年	広田、首相就任	二・二六事件	
1937年	昭和12年	広田、外相就任	広田内閣総辞職	盧溝橋事件、日中戦争に突入
1938年	昭和13年	広田、外相辞任	国家総動員法成立	
1939年	昭和14年			ノモンハン事件
1940年	昭和15年			日独伊三国同盟締結
1941年	昭和16年		東条英機内閣成立	太平洋戦争の開戦（12・8）
1943年	昭和18年	中野正剛、割腹自殺		
1944年	昭和19年	第十代社長に進藤一馬就任 10月、頭山満、御殿場で死去	東条内閣総辞職	

1945年	昭和20年		玉音放送、敗戦 連合国軍最高司令官マッカーサー元帥、来日
1946年	昭和21年	GHQにより玄洋社に解散命令	
1948年	昭和23年		極東軍事裁判で七人に絞首刑の判決、広田弘毅が文官でただ一人含まれていた

主な参考文献

『巨人頭山満翁』（藤本尚則、谷口書店）
『東亜先覚志士記伝』上・中・下（黒龍会編、原書房・明治百年史叢書）
『西南記伝』（黒龍会編）
『玄洋社社史』（玄洋社社史編纂会編、葦書房）
『頭山満翁正伝（未定稿）』（頭山満翁正伝編纂委員会編、葦書房）
『筑前玄洋社』（頭山統一、葦書房）
『頭山精神』（藤本尚則編、葦書房）
『頭山満翁写真伝』（藤本尚則編、葦書房）
『頭山満翁語録』（田中稔編、皇国青年教育会）
『頭山満と陸奥・小村』（杉森久英、毎日新聞社）
『頭山満　そのどでかい人間像』（都築七郎、新人物往来社）
『立雲翁の面影　頭山満先生三十三回忌法要記念誌』（財部一雄、明道館）
『玄洋社発掘　もうひとつの自由民権　増補版』（石瀧豊美、西日本新聞社）
『雲峰閑話　進藤一馬聞書』（江頭光、西日本新聞社）
『香月恕経翁小伝』（田中正志編、香月恕経翁顕彰会）
『来島恒喜』（岡保三郎編、的野半介監修）
『大隈重信関係文書2』（日本史籍協会叢書編、東京大学出版会）
『大隈重信は語る』（木村毅監修、早稲田大学出版部）
『大隈重信』（中村尚美、吉川弘文館）
『進藤喜平太翁追悼録』
『山岡鉄舟・剣禅話』（山岡鉄舟、徳間書店）
『大聖山岡鉄舟』（日本出版放送企画）
『おれの師匠山岡鉄舟先生正伝』（小倉鉄樹、島津書房）
『高士山岡鉄舟』（葛生能久、黒竜会）
『山岡鉄舟　春風館道場の人々』（牛山栄治、新人物往来社）
『夢野久作全集十一』（夢野久作、ちくま文庫）

『夢野久作の日記』（杉山龍丸編、葦書房）
『夢野一族　杉山家三代の軌跡』（多田茂治、三一書房）
『わが父・夢野久作』（杉山龍丸、三一書房）
『杉山茂丸傳　もぐらの記録』（野田美鴻、島津書房）
『杉山茂丸　明治大陸政策の源流』（一又正雄、原書房）
『百魔』（杉山茂丸、大日本雄弁会）
『三酔人経綸問答』（中江兆民、岩波文庫）
『中江兆民評伝』（松永昌三、岩波書店）
『日本の名著36　中江兆民』（河野健二責任編集、中央公論社）
『福沢諭吉と中江兆民』（松永昌三、中公新書）
『ボアソナード答問集』（ボアソナード、法政大学出版局）
『星亨』（鈴木武史、中央公論社）
『星亨』（中村菊男、吉川弘文館）
『石炭史話　すみとひとのたたかい』（朝日新聞西部本社編、謙光社）
『幕末・明治の写真』（小沢健志編、ちくま学芸文庫）
『日本花街志』（加藤藤吉、四季社）
『民権と国権のはざま』（上村希美雄、葦書房）
『西日本新聞百年史』（西日本新聞社）
『福岡県史　近代資料編　士族授産』（西日本文化協会編、福岡県）
『福岡県史　近代資料編　自由民権運動』（同前）
『自由民権運動と九州地方　九州改進党の史的研究』（新藤東洋男、古雅書店）
『自由党史』上・中・下（板垣退助、岩波文庫）
『自由民権　明治の革命と反革命』（後藤靖、中公新書）
『甘木市史　下巻』（甘木市史編纂委員会編）
『長崎県史　資料編　第四』（長崎県史編纂委員会編、吉川弘文館）
『大井憲太郎』（平野義太郎、吉川弘文館）
『小笠原島ゆかりの人々』（田畑道夫、文献出版）
『西村旅館年譜』（西村貫一）
『金玉均』（葛生玄晫、民友社）

『図説国民の歴史』（日本近代史研究会編）
『金玉均と日本　その滞日の軌跡』（琴秉洞、緑蔭書房）
『三十三年の夢』（宮崎滔天、平凡社東洋文庫100）
『龍のごとく　宮崎滔天伝』（上村希美雄、葦書房）
『革命浪人　滔天と孫文』（三好徹、中央公論社）
『茫々の記　宮崎滔天と孫文』（立野信之、東都書房）
『評伝宮崎滔天』（渡辺京二、大和書房）
『国父孫文と梅屋庄吉』（車田譲治、六興出版）
『中国文明の歴史　第11巻　中国のめざめ』（宮崎市定、中央文庫）
『岸田吟香伝』（岡山県旭町教育委員会編）
『巨人荒尾精』（井上雅二、大空社）
『日本人のための国史4　大アジア主義と頭山満』（葦津珍彦、日本教文社）
『大アジア主義と中国』（趙軍、亜紀書房）
『エチオピアの歴史』（岡倉登志、明石書店）
『マスカルの花嫁　幻のエチオピア王子妃』（山田一廣、朝日新聞社）
『大阪川口居留地の研究』（堀田暁生、西口忠共編、思文閣出版）
『人物朝鮮の歴史』（李離和、明石書店）
『明道館史』（財部一雄、明道館）
『修猷館・二百年の青春』（読売新聞福岡総局編、西部読売開発出版部）
『修猷山脈』（西日本新聞社）
『修猷館二百年史』（修猷館200年記念事業委員会編）
『安川第五郎伝』（安川第五郎伝刊行会）
『清水芳太郎全集』上・中・下（創生会編）
『天風先生座談』（宇野千代、二見書房）
『佳人之奇遇』（東海散士、講談社・政治小説集）
『ある明治人の記録　会津人柴五郎の遺書』（石光真人編著、中公新書）
『大正美人伝』（森まゆみ、文藝春秋）
『日本における近代国家の成立』（E・H・ノーマン、岩波書店）
『日本占領の記録』（E・H・ノーマン、人文書院）
『ハーバート・ノーマン全集』全4巻（E・H・ノーマン著、岩波書店）

『悲劇の外交官　ハーバート・ノーマンの生涯』（工藤美代子、岩波書店）
『人間緒方竹虎』（高宮太平、原書房）
『緒方竹虎』（緒方竹虎伝記刊行会編、朝日新聞社）
『評伝緒方竹虎　激動の昭和を生きた保守政治家』（三好徹、岩波書店）
『廣田弘毅』（広田弘毅伝記刊行会編、葦書房）
『黙してゆかむ』（北川晃二、講談社）
『落日燃ゆ』（城山三郎、新潮社）
『秋霜の人　広田弘毅』（渡邊行男、葦書房）
『アジア主義者中野正剛』（中野泰雄、亜紀書房）
『政治家中野正剛』（中野泰雄、新光閣書店）
『中野正剛自決の謎』（渡邊行男、葦書房）
『私の記録』（東久邇宮稔彦、東方書房）
『東京裁判』上・下（小島襄、中公新書）
『日中十五年戦争史』（大杉一雄、中公新書）
『大東亜戦争肯定論』（林房雄、夏目書房）
『敵国日本』（ヒュー・バイアス、刀水書房）
『地域ファシズムの歴史像』（平井一臣、法律文化社）
『南洲残影』（江藤淳、文藝春秋）
『大西郷遺訓』（頭山満翁講評、至言社）
『日本の近代』全16巻（中央公論新社）
『明治大正図誌8』（飛鳥井雅道編、筑摩書房）
『明治東京逸聞史1』（森銑三、平凡社）
『図説明治人物事典　文化人・学者・実業家』（湯本豪一編、日本アソシエーツ）
『図説明治人物事典　政治家・軍人・言論人』（同前）
『昭和　二万日の全記録』全19巻（講談社）

あとがき

「福岡こそ日本の国家主義と帝国主義のうちで最も気違いじみた一派の精神的発祥地として重要である」

GHQ調査分析課長を務めたカナダ人歴史学者ハーバート・ノーマンが、著書『日本政治の封建的背景』の中で述べている言葉だ。筑前福岡の地を故郷とする私にとって、心中穏やかではいられない表現である。

GHQは、玄洋社を「侵略戦争を推進した団体」と断じ、解散命令を出した。以後、戦後民主主義の流れの中で、玄洋社は「負」のイメージで染まる。二十一世紀の幕開けにあたって私は、先に進む前に、あえて立ち止まって後ろを振り返ってみようと思った。不確かな「明日」を見通すには、戦後、メディアや教育者が語らなくなった足元の歴史をもう一度検証する必要があると考えたからだ。

小著はこうした思いにかられた二人の新聞記者が、「右翼の巨頭」、「大陸侵略の先兵」としてタブー視されてきた頭山満らの足跡をたどった取材記録である。

筆者の井川聡と小林寛は、ともに福岡で事件記者をしていた時期がある。井川が中央署、捜査一課、小林が博多署、捜査二課を受け持った。「同じ釜の飯」を食った仲だけに、今回の取材も、あうんの呼吸で進めることができた。警察回りで培った足で稼ぐ取材を重ねていくうち、男たちのドラマが浮き彫りになってきた。

同志に対し、武士としてのけじめをつけるため自裁した箱田六輔。屈辱的な不平等条約改正案を粉砕するため外相に爆裂弾を投げつけ、自刃した来島恒喜。軍閥の専横を憂いて割腹した中野正剛。「自分が犠牲になれば、ほかのだれかが助かる」と、黙して刑場の露と消えた広田弘毅――。

彼らに共通するのは、名利を捨て公に尽くす気概だった。金や地位や名誉にしがみついている今日の日本のリーダーたちとはまったく違っていた。

福岡市博多区千代の玄洋社墓地にある先亡霊塔に、頭山は力強い筆で「殺身成仁（身を殺して仁をなす）」と書いている。これこそが玄洋社の「生き方」を代表する言葉だと思う。

玄洋社の真骨頂は、辛亥革命後、孫文が福岡を訪ねた時のもてなしぶりの中に見ることができた。当時の新聞報道によると、玄洋社では孫文の前に茶わんを一つ置いただけで、座布団も出さない。お尋ね者だった時と変わらぬ質素な応対ぶり。それに孫文が感動する。

こうしたエピソードを積み重ねるうち、玄洋社の人々は、目先にとらわれず、人間の本質を見て行動していたことがわかってきた。思想やイデオロギーに振り回され、人を色分けして見るのではなく、どういう姿勢で取り組んでいるかで判断する。こうした人物本位の考え方は、これからの時代に大切になってくるのではないだろうか。

来島の大隈重信襲撃事件の取材では、現代の価値観から是非を判断することの難しさを痛感した。欧米列強による半植民地化につながる恐れがあった条約改正案に対し、国民的な反対運動が起きた。明治天皇自ら乗り出したが、大隈の方針が覆せないとわかった時、来島は命を投げ出して止めようとした。

新聞連載で、来島の行動を伝える記事が掲載された直後に、9・11米同時テロが起き、複雑な思いにかられた。もちろん、現代人として「どんな理由があってもテロは許されない」と思う。それでも、時代に真正面から取り組んだ、その時の人々の気持ちを理解することは必要なことだと考える。

取材で知り合った外国人の見方も興味深かった。東海大学で東洋哲学を学んでいるという中国人男性は、「有名な者はほかの人が助ける。無名だからこそ自分が助ける」という頭山の言葉が大好きだという。「中国人は辛亥革命を応援してくれた頭山に今も感謝している。私は玄洋社がもっと力を持っていたら戦争は起きなかったと思う」とも話した。

ロシアの歴史学者で東京大学社会科学研究所客員研究員の男性は、「頭山は革命家でも、思想家でも、政治家でもない。マフィアのイメージは欧米のプロパガンダがつくったイメージ」と言う。「ロシアではもう、右翼、左翼という言葉は無意味。日本人ももっと自国の歴史を好きにならないとだめ。歴史に暗いと、いい市民、いい国民になれない」と強調した。

頭山の孫・頭山真一さんの一言も印象に残っている。

「頭山という存在を、神格化してはいけない。祖父がどんな偉大であっても、私たち子孫は別です」

今回、玄洋社の実像にどこまで迫ることができたかは疑問だが、足元の歴史を見つめ直すきっかけにはなったと思っている。

本書は、読売新聞西部本社版社会面に二〇〇一年一月から二〇〇二年三月にかけ九十二回にわたって連載した「人ありて——頭山満と玄洋社」をもとに、加筆・修正し、編集したものである。なお、本文に登場してくださった方々の肩書きは連載時のままとし、敬称は略させていただいた。

一年数か月に及ぶ長期間の取材、執筆を続けることができたのは、社会部、写真部の同僚記者の協力、デスク陣の的確な指導があったからにほかならない。特に佐田弘美記者には、インドの革命志士ラス・ビハリ・ボース関係の取材を助けてもらった。小著にまとめるにあたっては、海鳥社の杉本雅子さんに大変骨を折っていただいた。謝意を表したい。

インタビューさせていただいた方は百人以上に及んだ。貴重な証言、資料を寄せてくださった皆さん、特に左記の方々には格別のお世話になった。心からお礼を申し上げる。

頭山立国、頭山興助、頭山真一、大藤実、成毛松子、本松宰、田中健之、進藤龍生、中野泰雄、石瀧豊美、安部博純、平井一臣、矢野喜平太、森永与七郎　（順不同、敬称略）

二〇〇三年五月

佐世保にて　井川　聡

井川聡（いかわ・さとし）
1959年生まれ。1983年，読売新聞西部本社入社。佐世保支局長，那覇支局長，社会部次長，広報宣伝部長を経て，現在，役員室長。

小林寛（こばやし・ひろし）
1960年生まれ。1985年，読売新聞西部本社入社。宮崎支局次席，山口総局次席，社会部地域報道デスクを経て，現在，大分支局長。

人《ひと》ありて──頭山満《とうやまみつる》と玄洋社《げんようしゃ》

■

2003年6月20日　第1刷発行
2020年2月10日　第4刷発行

■

著者　井川聡　小林寛
発行者　杉本雅子
発行所　有限会社海鳥社
〒812-0023　福岡市博多区奈良屋町13番4号
電話092(272)0120　FAX092(272)0121
印刷・製本　モリモト印刷株式会社
ISBN 978-4-87415-445-8
http://kaichosha-f.co.jp/
［定価は表紙カバーに表示］